JN023381

ten to senの方眼模様

岡 理恵子

小学館

はじめに

ます目から始まった模様づくり。
「ひとつ、ふたつ…６つ」とます目を数えながら模様を考えました。
ニットとクロスステッチの間で行ったり来たり。
ひとつの模様をふたつの手法で表現するために、
ニットに合わせくり返しのサイズをなるべく小さく考えました。
たとえば花の模様を作ろうとすると、いつもなら花びらなどに
表情を持たせて描くのですが、どんな花なのかを見る人、作る人に
想像してもらえるように、輪郭や特徴を強調しました。
モチーフの象徴的な部分をふくらませ、単純に、簡潔に。
そんな試行錯誤の時間を経て、今までのニット、クロスステッチとは
趣が異なる模様ができたように思います。
ひとつの図案に使う色数も少なくアレンジしやすいので、
ぜひお好きな色の組み合わせでも楽しんでみてください。
小さなくり返しに込められた模様の世界を楽しんでいただけると幸いです。

2021年春　岡 理恵子

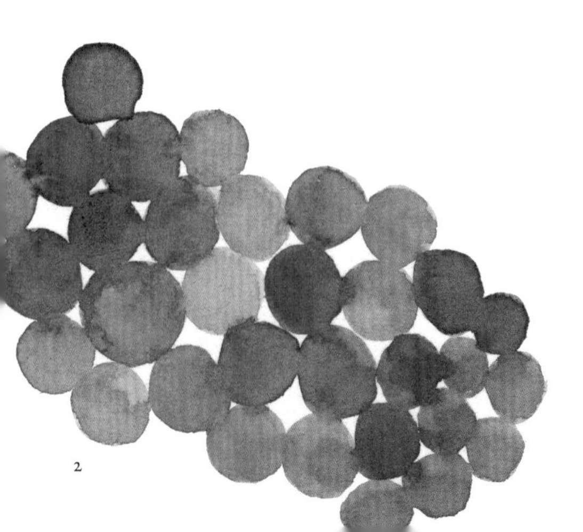

Contents

この本の使い方

◎図案の見方

・Chapter 1 の各模様の「Basic Pattern」が基本の図案（チャート）です。破線で囲んだ１模様を縦横にくり返すことで、作りたい面積に広げることができます。Basic Pattern に凡例として「□ⓐ E：702 ／ K：259」などとある場合、「E：702」が刺繍糸の色番号（E は Embroidery の頭文字)、「K：259」が編み糸の色番号です（K は Knit の頭文字)。

◎模様の完成写真について

・Chapter 1 では各模様のクロスステッチと棒針編みのサンプルを紹介しています（「10 Chain」を除く)。材料欄と合わせて掲載した写真は一部を除き実寸です。

◎使用布、使用糸について

・クロスステッチの基布はすべて「DMC アイーダ 14 カウント」、糸はすべて「DMC 25 番糸」を使用しています。糸はすべて３本取りです。

・棒針編みでは模様のイメージに合わせて「ジェミーソンズシェットランド　スピンドリフト」[ウール 100%／１玉 25g ／ 105m] と「DARUMA メリノスタイル並太」[ウール（メリノウール）100%／１玉 40g ／約 88m] を使用しています。使用糸、使用針のサイズ、ゲージは各模様の材料欄に記載しています。

・Chapter 1 に記載した材料は、クロスステッチ、棒針編みともこの本の大きさ程度（約 150 × 210mm）の完成サイズにする場合の必要量となっています（ただし「09 ローズ」「20 ゆきのはら」の棒針編みについては１模様相当分)。

・各製品の問い合わせ先は巻末ページを参照してください。

◎編み地のゲージについて

・「ゲージ」は編み目の大きさを示す目安で、本書では完成写真の編み地と同じサイズに編むための目安として 10cm 角の目数、段数を記載しています。ゲージは編む人の手加減や針の太さによって変化しますので、同じサイズに編みたい場合は試し編みをしてゲージを合わせることをおすすめします。また、模様自体はどんな糸でも編めますが、なるべく目数と段数の差が少なくなるようにゲージを調整して編むと、チャートに近いイメージに仕上がります。

◎クロスステッチの基布の裁断寸法について

・クロスステッチで模様生地を作る場合、刺繍をしている間に基布の端がほつれてくることがあるため、基布は最終的な必要寸法より周囲に各 2.5cm 程度のマチをとって裁断するのがおすすめです（Chapter 1 の材料欄に記載した用尺はマチ分を含めた寸法になっています)。

◎編み地でソーイングをする場合

・Chapter 2 のアレンジ作品のように、完成した編み地をソーイング用の生地として使用する場合、あらかじめ縫い代を含めたサイズの編み地を用意してください。

Chapter 1

ten to sen の方眼模様帖

01 : *Sunflower*

ひまわり

ひまわりの花には、その大きさと色合いから
明るさと強さのようなものを感じます。
強さといっても力が強いのではなく、
おおらかなヒーローのような印象です。
たまにいませんか？　こちらも
笑顔になって、力が湧いてくるような人。
そんなことを思い浮かべながら、
ひまわりが整列し、花がいっせいに
開いている様子を模様にしました。
種の部分を細かく表現したことで
愛らしさも加わったように思います。
花と葉・茎の部分を色で分けたところも
ポイントです。
蝶々のモチーフをひまわりの花に
置き替えてもいいですし、
てんとうむしやお好きなモチーフに
アレンジしてもいいかと思います。

Basic pattern

How to stitch

材料

基布／712（生成り）20 × 26cm
糸／DMC 25 番糸
ⓐ 904（グリーン）2 束
ⓑ 444（イエロー）3 束
ⓒ 3866（アイボリー）1 束
ⓓ 844（グレー）1 束

刺し方のポイント

◎「茎と葉」の模様は縦方向に 3 回、横方向に 4 回リピートします。
◎「花」の模様は縦方向に 4 回、横方向に 4 回リピートしますが、1 か所だけ「チョウ」の模様に置き替えます。

模様の配置

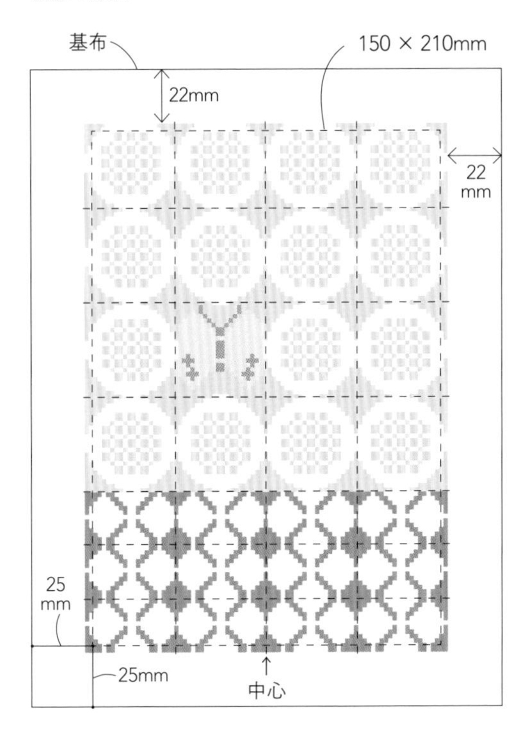

Color variation

基布／712（生成り）
糸／DMC 25 番糸
ⓐ 352（ピンク）
ⓑ 931（ブルー）
ⓒ 3866（アイボリー）
ⓓ 844（グレー）

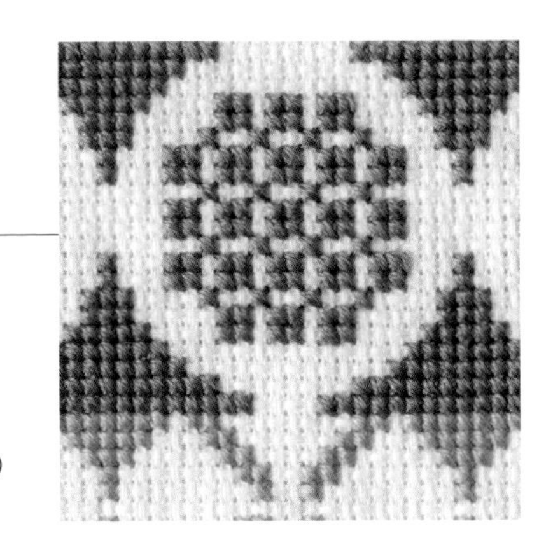

How to knit

材料

ジェイミソンズ シェットランド
スピンドリフト
- ⓐ 259 Leprechaun　5g
- ⓑ 400 Mimosa　10g
- ⓓ 1400 Mirry Dancers　少々
- ⓔ 104 Natural White　12g

ゲージ

33 目× 34 段（1 ～ 2 号棒針・10cm 角）

編み方のポイント

◎ 1 段を 2 色にするため、チョウの羽部分（P.9 図案のⓒ色部分）もⓔ色で編みます。
◎「茎と葉」と「花」を適宜配置し、「花」の 1 か所を「チョウ」に置き替えます。
◎ⓓ色は最後に 1 本取りでメリヤス刺繍（→ P.118）をします。
◎ⓔ色 1 色の段は、往復に編む場合は最初にⓐ色を切り、次段で再度つけます。輪に編む場合は切らずに 1 段休めておき、次段から続けて使います。

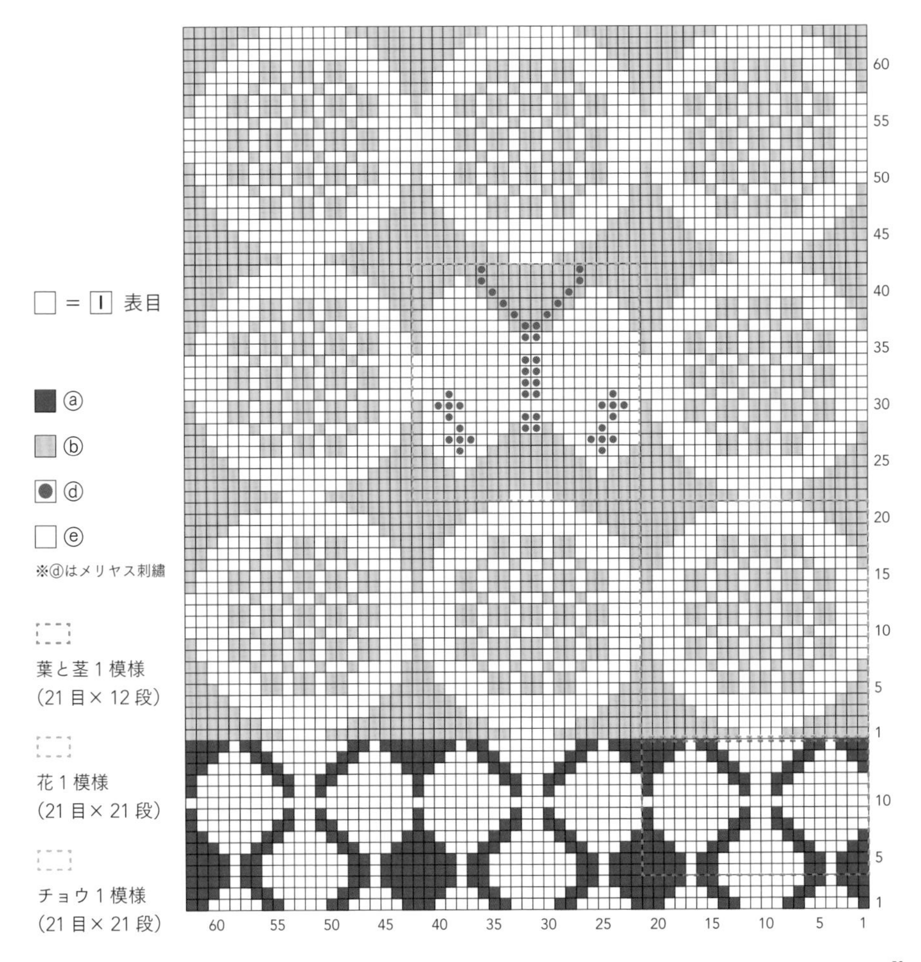

02 : Bubbles

バブル

石鹸水に息を吹きかけ
プクプクと生まれてきた泡の玉。
ふえてつながり一面の泡模様。
刺繍は泡の部分ではなく、
地の部分をステッチで埋めるように
しているところがポイントです。
模様の部分を埋めるステッチは
よくあると思うのですが、それを
反対にすることで少しニュアンスが変わり、
手作り感が薄れるような気がします。
「それ手作りしたの？　素敵ね」と
言われるのもいいですが、
手作りしたことを気づかれずに
褒められるのもうれしいですよね。
単純な模様の場合、このように
ステッチの場所を反転させるだけで、
デザインに新鮮さが出ると思います。

Basic pattern

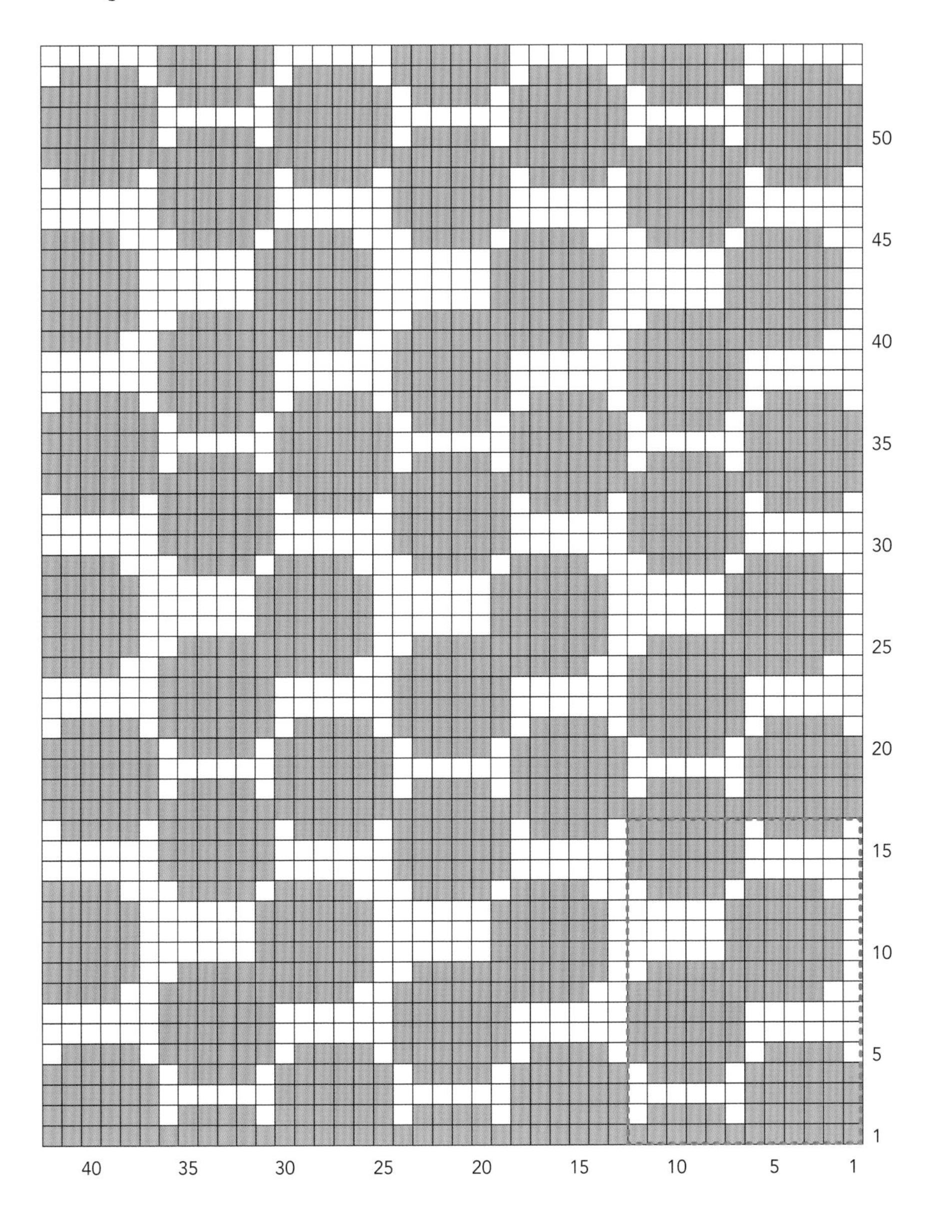

ⓐE：生地色／K：8

ⓑE：3866／K：1

1模様（12目×16段）

How to stitch

材料

基布／168（薄ブルー）20 × 26cm
糸／DMC 25 番糸
　ⓑ 3866（アイボリー）4 束

刺し方のポイント

◎ 1 模様を縦方向に 8 回程度、横方向に 7 回程度リピートします。

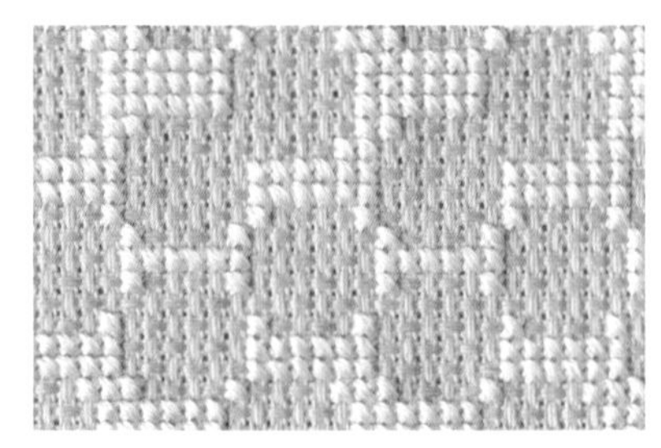

Color variation

基布／3033（濃ベージュ）
糸／DMC 25 番糸
　ⓑ 3866（アイボリー）

How to knit

材料
DARUMA メリノスタイル 並太
　ⓐ8 ウォーターブルー　15g
　ⓑ1 生成り　15g

ゲージ
23目×26段（7～8号棒針・10cm角）

編み方のポイント
◎ⓐ色1色の段は、往復に編む場合は最初にⓑ色を切り、次段で再度つけます。輪に編む場合は切らずに1段休めておき、次段から続けて使います。

03 : *Circle and flower*

丸と花

丸モチーフを円を描くように配置して
大きな円で画面を埋めました。
円のなかに小さな十字模様を散りばめると、
大輪の花が咲き誇っているようにも、
円形に区画した花畑のようにも
見えてきました。
クロスステッチの作品は
鮮やかなピンクで明るい印象に。
ニットの作品はグレーベージュで
やさしい雰囲気に。
使う糸の色で雰囲気が
がらりと変わります。

Basic pattern

How to stitch

材料

基布／712（生成り）20 × 26cm

糸／DMC 25 番糸

ⓐ 891（ピンク）5 束

刺し方のポイント

◎ 1 模様を縦方向に 4 回程度、横方向に 3 回程度リピートします。

Color variation

基布／712（生成り）

糸／DMC 25 番糸

ⓐ 646（グレー）

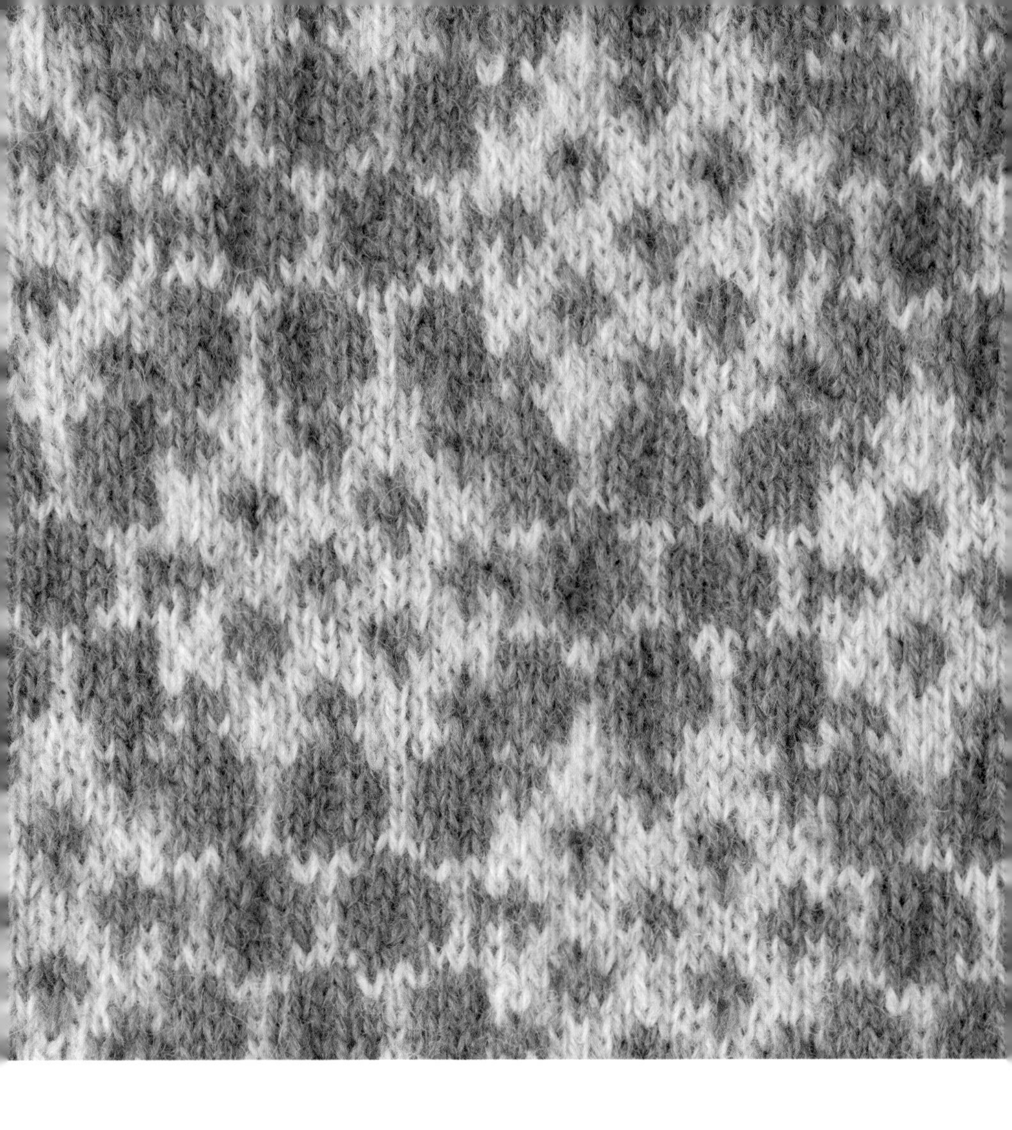

How to knit

材料

ジェミーソンズ シェットランド
スピンドリフト
　ⓐ 789 Marjoram　12g
　ⓑ 343 Ivory　10g

ゲージ

33 目× 34 段（1 ～ 2 号棒針・10cm 角）

編み方のポイント

◎ P.19「Basic Pattern」のピンク部分をグレーベージュ（Marjoram）に置き替えて編みます。

04 : *Floral tiles*

花タイル

草花を四角の枠に落とし込むように表現し、
タイルの壁のように並べた模様です。
タイルに彩られた風景に
あこがれをもっています。
とくにスペインやメキシコの手描き特有の
素朴な絵付けタイルに惹かれます。
そのニュアンスを引き継ぐように、
草花の形を忠実に描くのではなく、
崩したタッチで表情を作ってみました。
上下左右の方向性もなくし、
いろいろな形が盛り込まれた
楽しい模様になりました。

Basic pattern

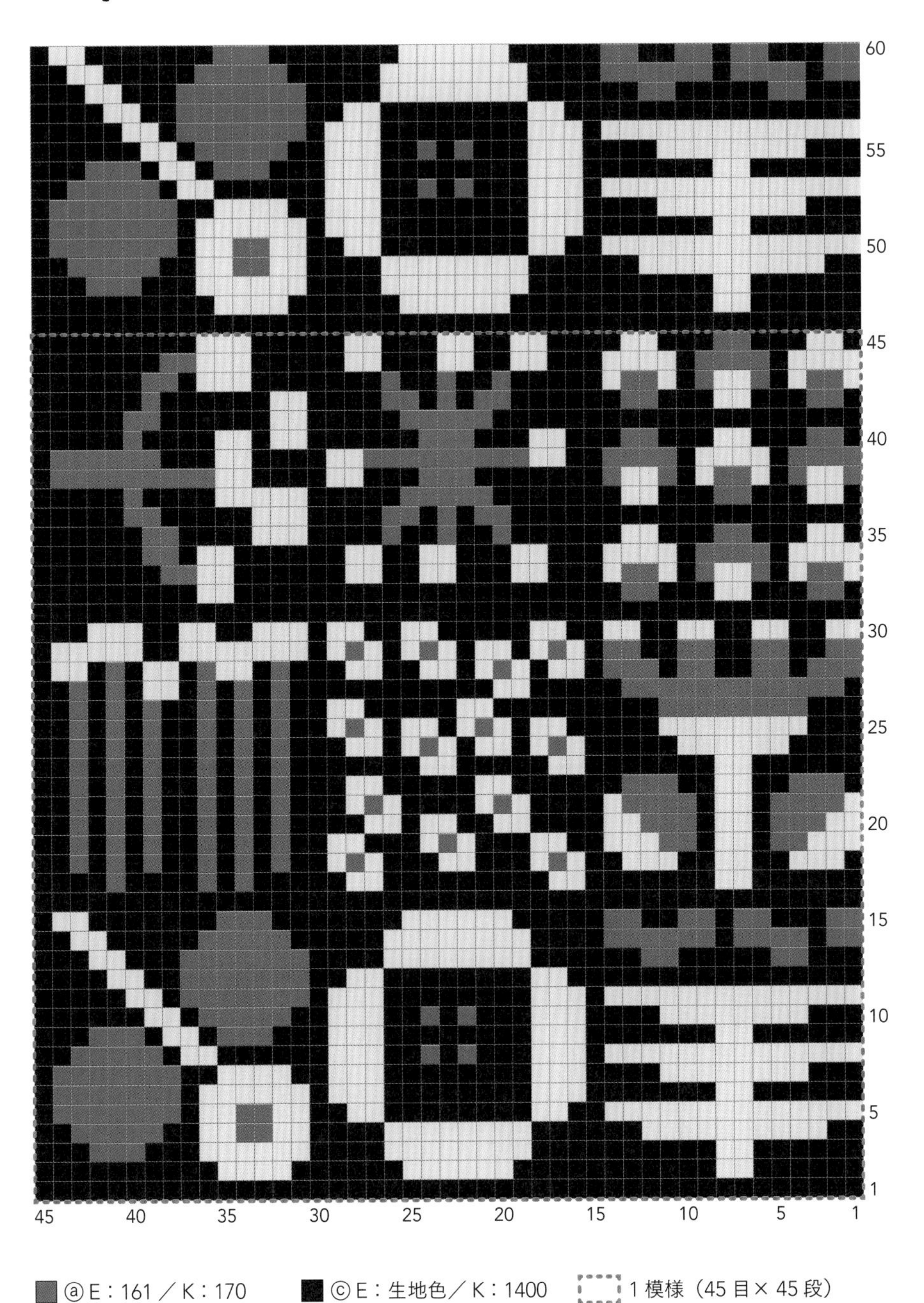

ⓐE：161／K：170　ⓒE：生地色／K：1400　1模様（45目×45段）

ⓑE：644／K：343

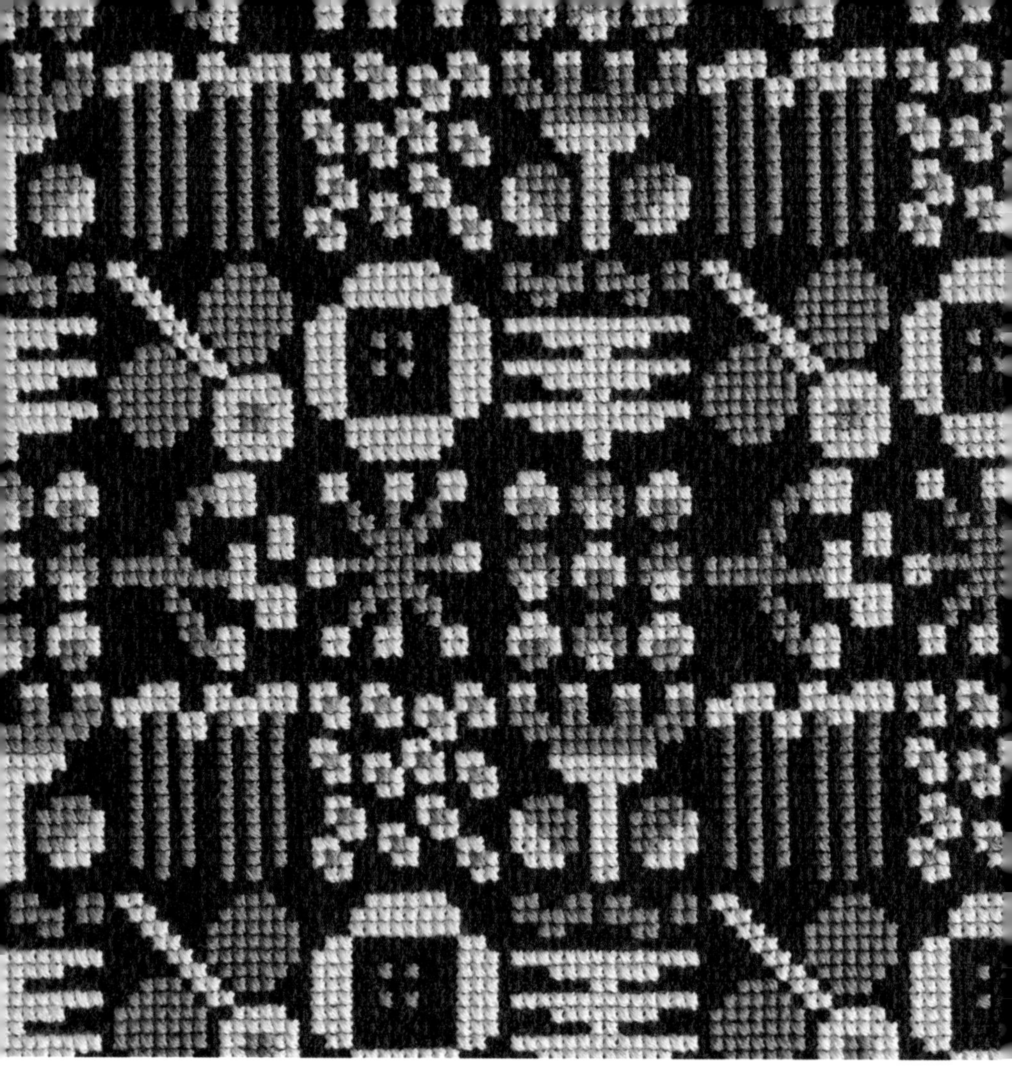

How to stitch

材料

基布／310（ブラック）20 × 26cm

糸／DMC 25 番糸

ⓐ 161（ブルー）3 束

ⓑ 644（薄ベージュ）4 束

刺し方のポイント

◎ 1 模様を縦方向に 2.5 回程度、横方向に 2 回程度リピートします。

Color variation

基布／3033（濃ベージュ）

糸／DMC 25 番糸

ⓐ 733（イエローグリーン）

ⓑ 902（ワインレッド）

How to knit

材料

ジェミーソンズ シェットランド

スピンドリフト

ⓐ 170 Fjord　10g

ⓑ 343 Ivory　10g

ⓒ 1400 Mirry Dancers　15g

ゲージ

33 目× 34 段（1 〜 2 号棒針・10cm 角）

編み方のポイント

◎ⓒ色 1 色の段は、往復に編む場合は最初にⓐ、ⓑ色を切り、次段で再度つけます。輪に編む場合は切らずに 1 段休めておき、次段から続けて使います。

◎ 3 色で編むときの糸の持ち方は、左手に 2 本、右手に 1 本がおすすめです（→ P.124）。

05 : *Spring fields*

はなばたけ

野原一面に花が咲いている様子を
グラデーションで表現した模様です。
色の組み合わせを変えるだけで
雰囲気が変わり、
模様からイメージするものも変わります。
黒に白で夜の星空、
水色に白でソーダフロート、
ピンクと白で桜吹雪……。
グラデーションと２色で連想するものは
身近にいろいろとあるので、
好きな色で作ってみてはいかがでしょうか。

Basic pattern

［上半分］

［下半分］

※［上半分］へ続ける

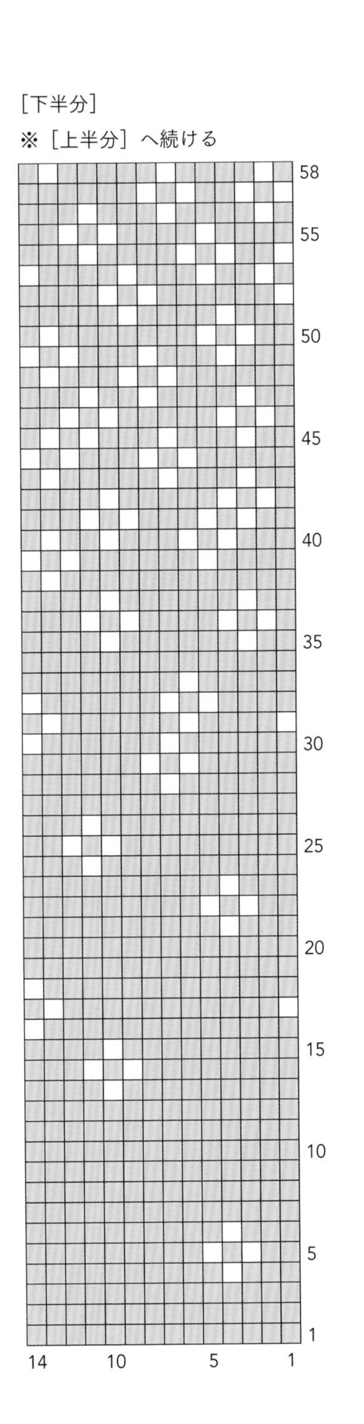

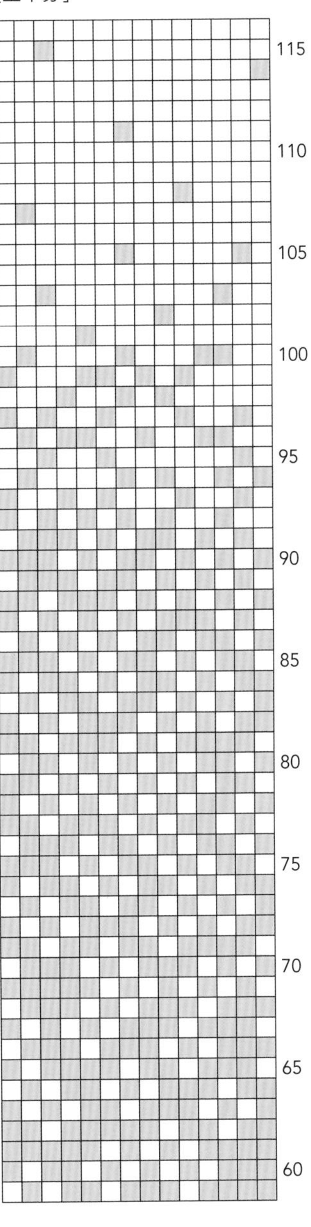

ⓐ E：444 ／ K：390

ⓑ E：生地色／ K：104

How to stitch

材料

基布／712（生成り）21 × 26cm
糸／DMC 25 番糸
ⓐ 444（イエロー）5 束

刺し方のポイント

◎縦方向に 1 模様を 1 回、横方向に 1 模様を 6 回程度リピートします。

模様の配置

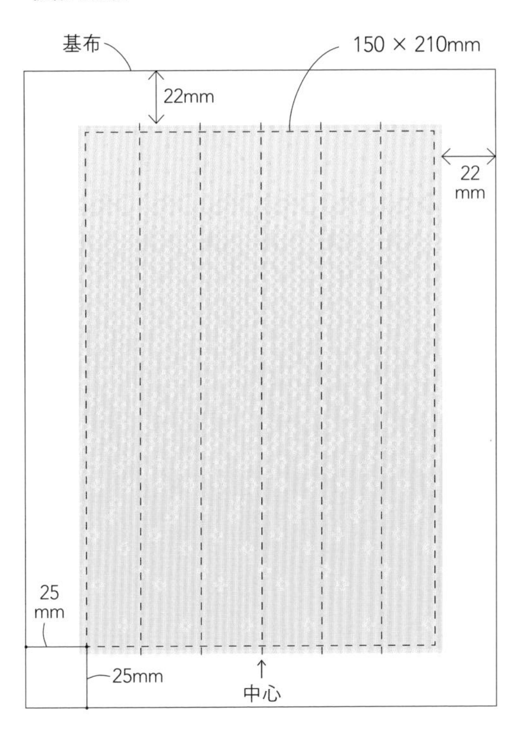

Color variation

基布／3813（薄グリーン）
糸／DMC 25 番糸
ⓐ BLANC（ホワイト）

How to knit

材料

ジェミーソンズ シェットランド
スピンドリフト
ⓐ 390 Daffodil　10g
ⓑ 104 Natural White　15g

編み方のポイント

◎左ページの編み地は、P.27「Basic Pattern」[下半分]の 34 段めから上を編んだものです。模様を使って編む編み地の縦寸法に合わせて下端のスタート位置を調整してください。

ゲージ

33 目× 34 段（1 ～ 2 号棒針・10cm 角）

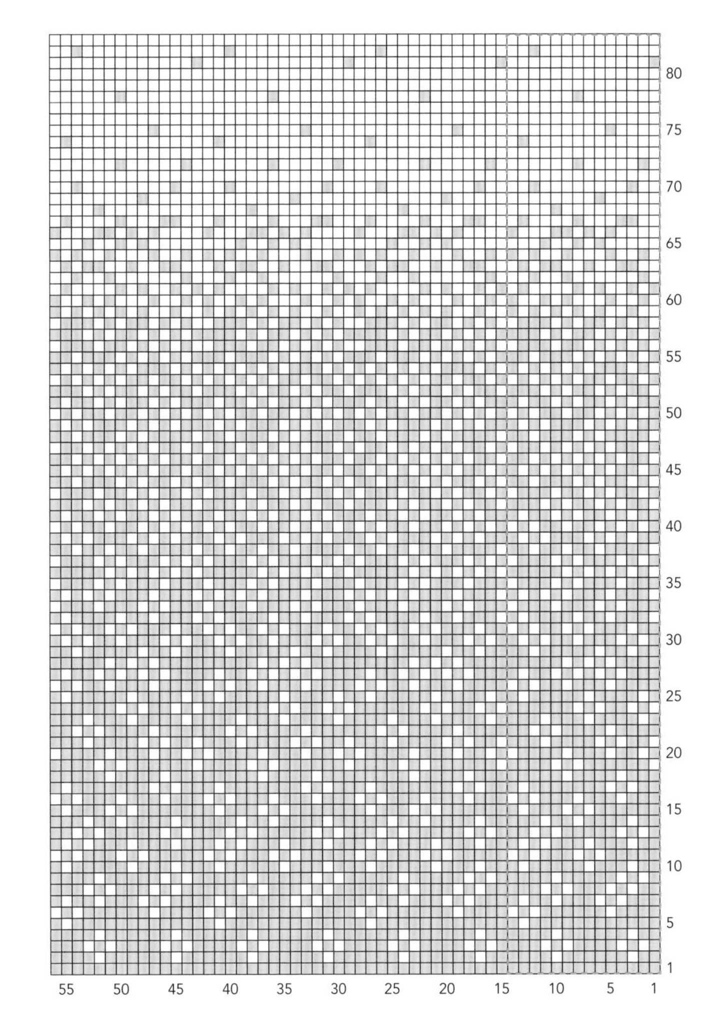

□ ＝ [I] 表目

ⓐ

ⓑ

1 模様
（14 目× 83 段）

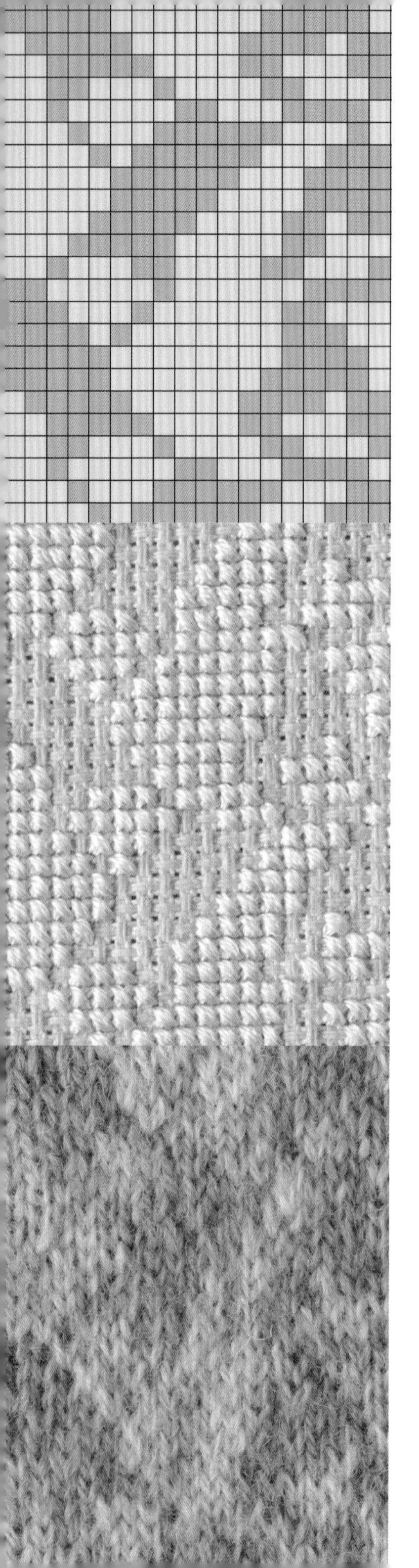

06 : *Little birds*

小鳥

鳥たちが飛んでいる様子を
左右に入り組むように表現した模様です。
作品は横向きに鳥が飛んでいる姿に
なっていますが、
方向を 90 度回転させて
縦向きの模様にしても使えます。
同じモチーフを反転させて構成した
シンプルな構図です。
近くから見ないと鳥の模様とは
気づきづらいので、
さりげなく生き物モチーフを
楽しんでみてください。

Basic pattern

How to stitch

材料

基布／3033（濃ベージュ）20 × 26cm

糸／DMC 25 番糸

ⓐ 543（ベージュ）5 束

刺し方のポイント

◎縦方向に 1 模様を 7.5 回程度、横方向に 1 模様を 4 回程度リピートします。

Color variation

基布／168（薄ブルー）

糸／DMC 25 番糸

ⓐ 926（ブルーグリーン）

How to knit

材料
ジェミーソンズ シェットランド
スピンドリフト
　ⓐ 768 Eggshell　12g
　ⓑ 769 Willow　12g

ゲージ
33 目× 34 段（1 ～ 2 号棒針・10cm 角）

編み方のポイント
◎ⓐ色を目立つほうの色（→ P.124）として編むと、小鳥の形が際立ちます。

07 : *Lattice*

格子

異国の街を歩くと、とても素敵な
格子のデザインが多く見られます。
防犯のためでもあると思いますが、
内と外を塀で隔てず、
格子でゆるやかに仕切っている風景は、
街のいろどりに
ひと役かっているように思います。
そんな格子から線の模様を思いつき、
作った模様です。
クロスステッチ作品のように、
普段は使わないような
色の組み合わせを使って
遊んでみるのもいいかと思います。
線表現の模様なので、
ビビッドな色もきつくなりすぎません。

Basic pattern

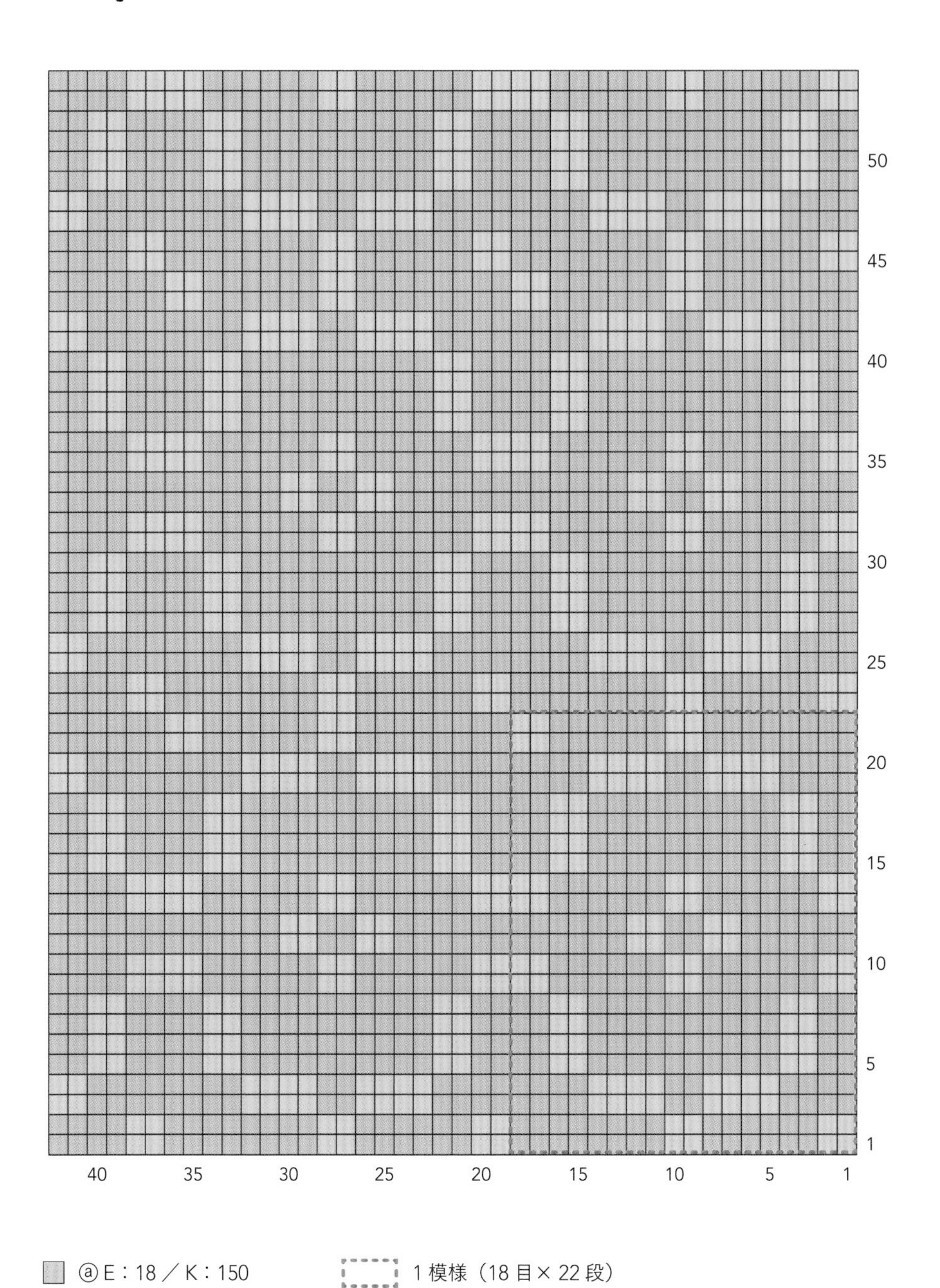

ⓐ E：18／K：150

ⓑ E：生地色／K：343

1 模様（18 目× 22 段）

How to stitch

材料

基布／168（薄ブルー）20 × 26cm

糸／DMC 25 番糸

ⓐ 18（イエロー）3 束

刺し方のポイント

◎ 1 模様を縦方向に 6 回程度、横方向に 5 回程度リピートします。

Color variation

基布／644（薄ベージュ）

糸／DMC 25 番糸

ⓐ 3750（ブルー）

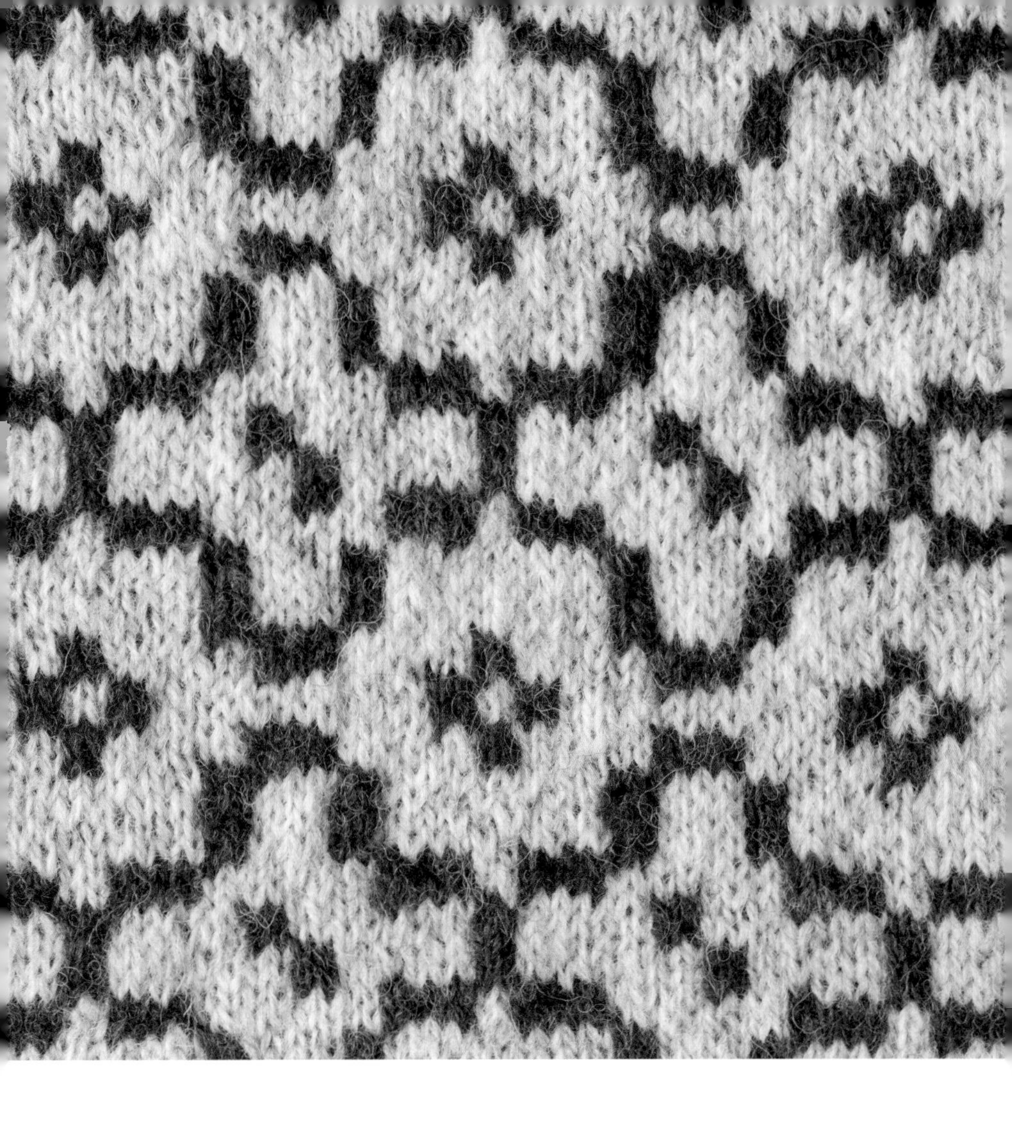

How to knit

材料

ジェミーソンズ シェットランド
スピンドリフト
　ⓐ 150 Atlantic　10g
　ⓑ 343 Ivory　15g

ゲージ

33目× 34段（1～2号棒針・10cm角）

編み方のポイント

◎ P.37「Basic Pattern」のイエローをAtlantic（ネイビー）、薄ブルーをIvory（アイボリー）に置き替えて編みます。
◎ⓑ色が長く続く箇所では渡り糸が長くなりすぎないよう、適宜ⓐ色の糸を編み地の裏側でからめて編みます（→ P.126）。

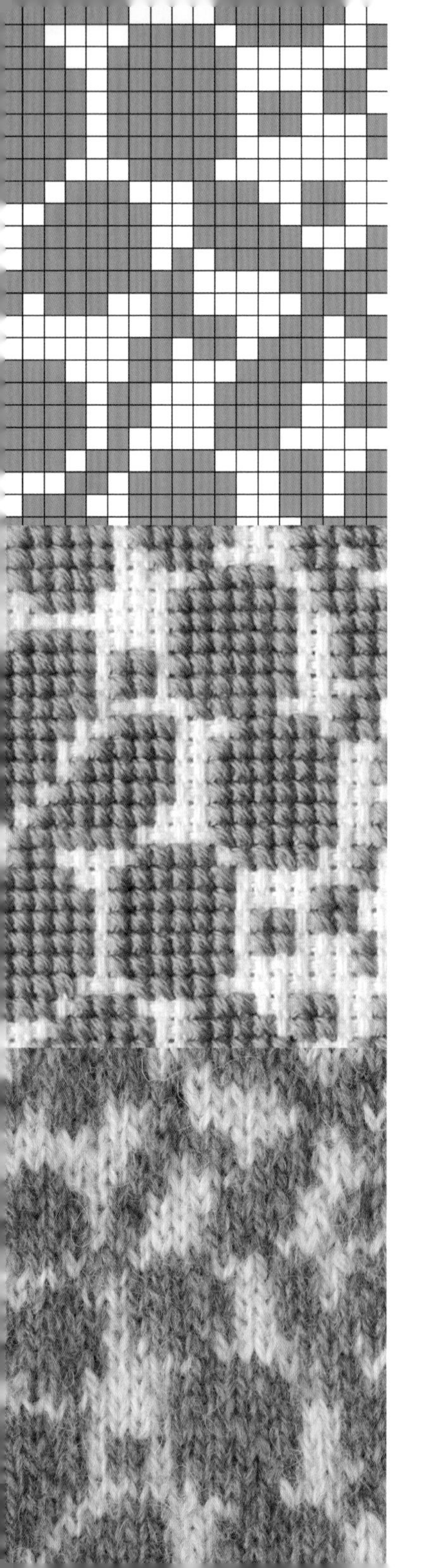

08 : Fallen things

落としもの

札幌の街の中心には、
東西に長く伸びる大通公園があります。
都会のなかの公園ですが、そこを通ると
季節によって地面に落ちてくるものが
変わるのが面白く、つい下ばかり見て
歩いてしまいます。
春は桜や木蓮の花びら、夏は緑の葉、
冬は雪がこんもりと積もっています。
秋はというと、どんぐりやぎんなん、
プラタナスの実、かえでの種に、
葉っぱもとりどり。
いろいろなものが地面に落ちていて
とてもにぎやかで楽しいのです。
そんな地面を真上から見たような
構図で作った模様です。

Basic pattern

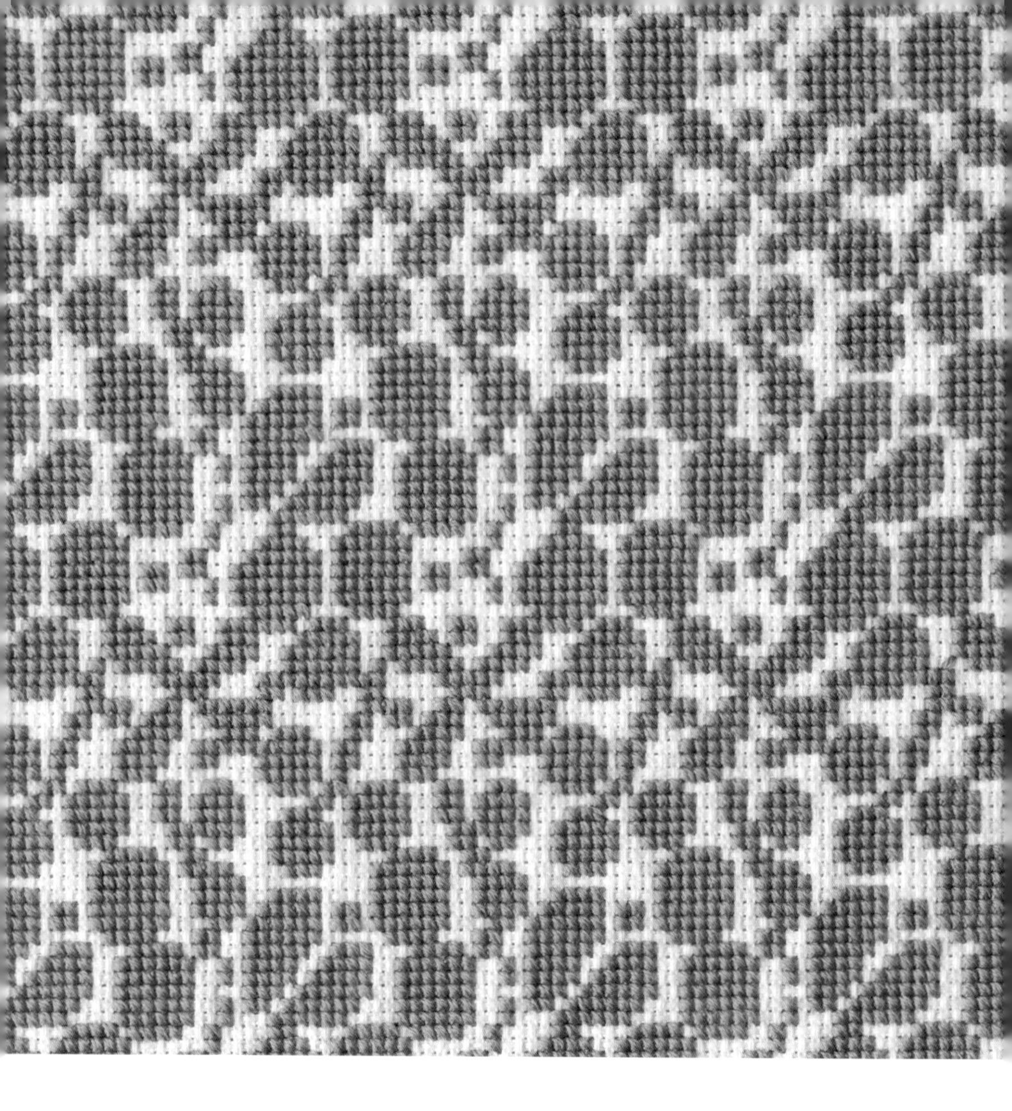

How to stitch

材料

基布／BLANC（ホワイト）20 × 26cm
糸／DMC 25 番糸
　ⓐ 702（グリーン）6 束

刺し方のポイント

◎縦方向に 1 模様を 3.5 回程度、横方向に 1 模様を 4 回程度リピートします。

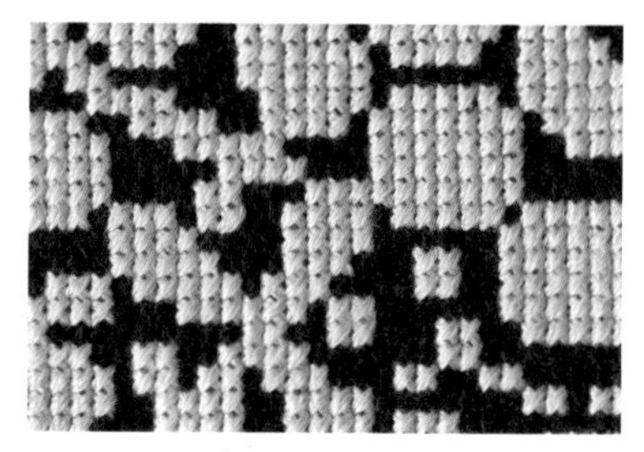

Color variation

基布／310（ブラック）
糸／DMC 25 番糸
　ⓐ 3024（薄ベージュ）

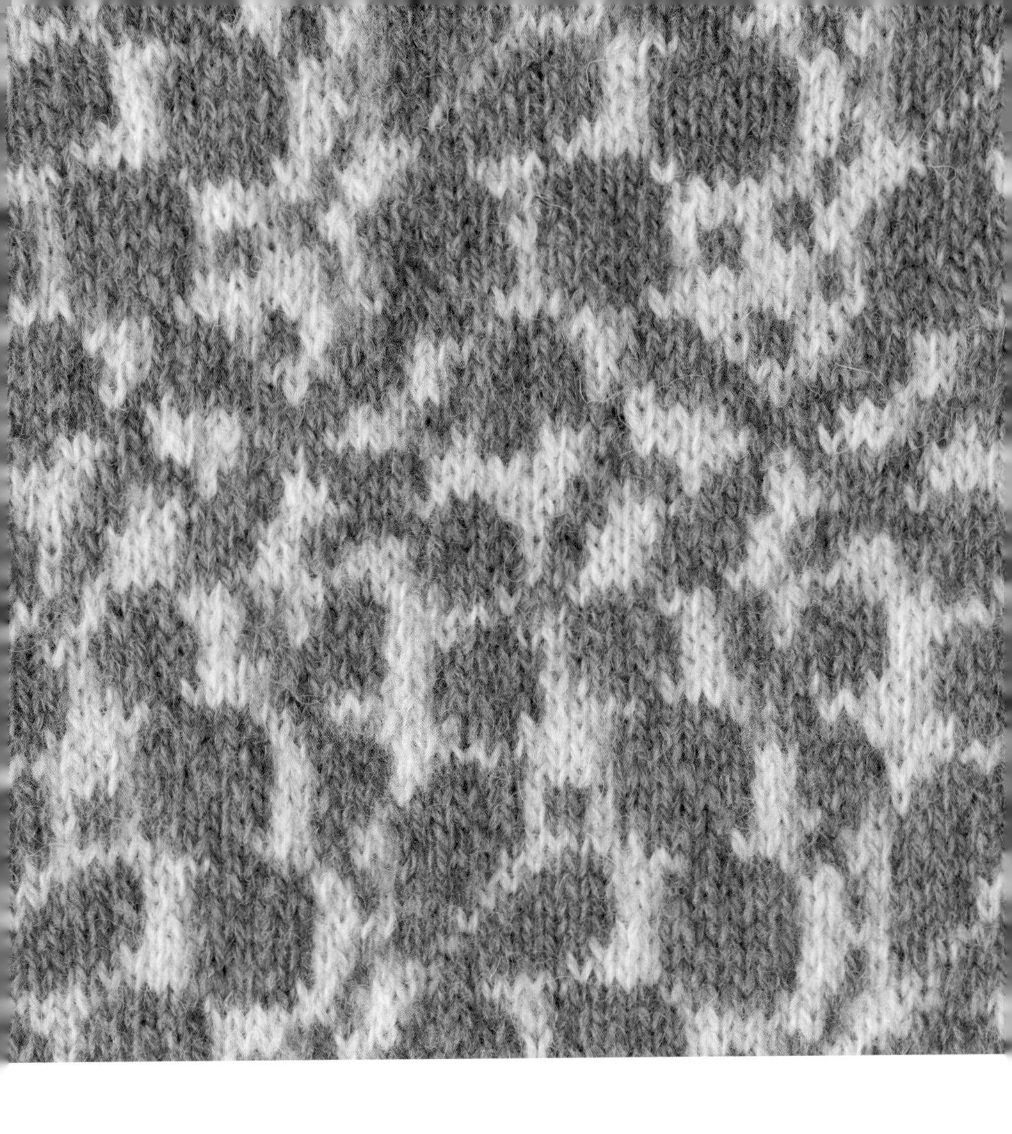

How to knit

材料

ジェミーソンズ シェットランド
スピンドリフト
ⓐ 259 Leprechaun　15g
ⓑ 343 Ivory　10g

ゲージ

33目×34段（1～2号棒針・10cm角）

編み方のポイント

◎シームレスな（つなぎ目がわかりにくい）模様なので中心を気にせず配置できます。ただし輪に編むと段の境目でズレが生じるため、1模様は輪に編んでもズレが目立ちにくい位置にしてあります。

09 : *Roses*

ローズ

花の図案のモチーフとして
昔からくり返し描かれてきたバラ。
通勤のたびにバラ園を
通るようになったことがきっかけで、
大好きな花のひとつとなりました。
点と線模様製作所でも
機械刺繍でクロスステッチを表現した
ローズ模様の刺繍生地を発表しています。
その図案をワンボーダーの模様として
アレンジしました。
テーブルクロスなどの縁飾りとしては
もちろん、バッグやスカート、セーターに
ひと筋、この模様を施しても
素敵に使っていただけると思います。

Basic pattern

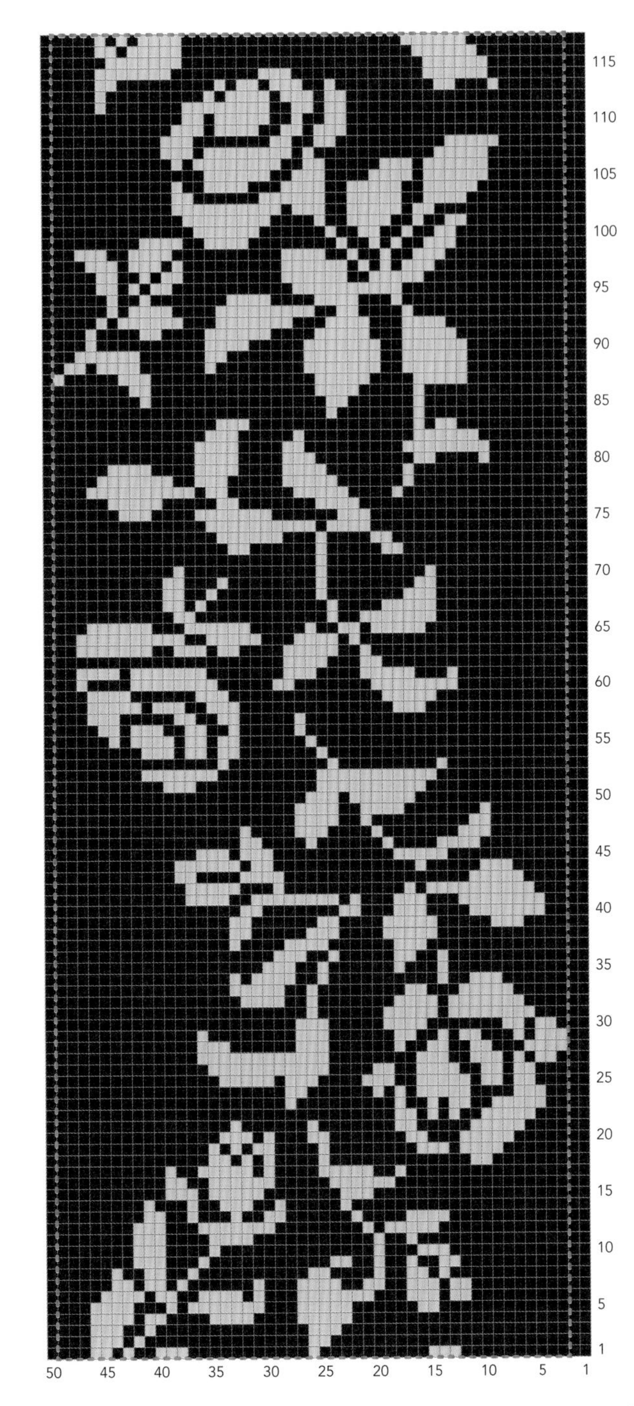

ⓐE：06／K：106

ⓑ生地色／K：1400

1模様
（47目×117段）

How to stitch

材料

基布／310（ブラック）20 × 26cm
糸／DMC 25 番糸
　ⓐ 06（ベージュ）2 束

刺し方のポイント

◎縦方向は1模様でほぼ縦寸法（21cm）になります。横方向は基布の左端から4cm ほどあけて刺します。

模様の配置

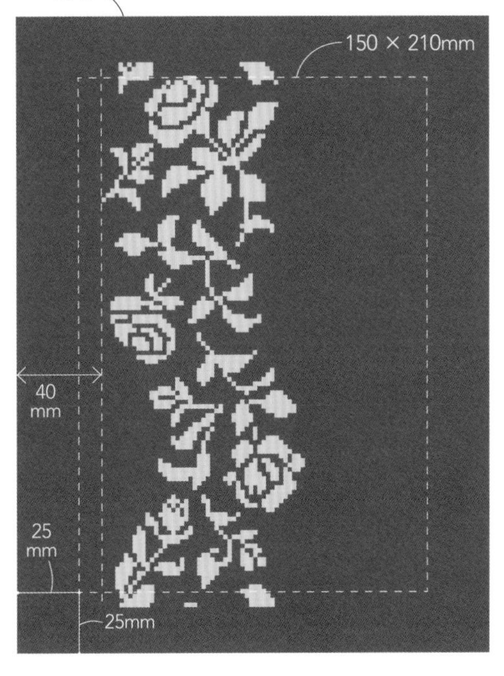

Color variation

基布／3033（濃ベージュ）
糸／DMC 25 番糸
　ⓐ 22（レッド）

How to knit

材料

ジェミーソンズ シェットランド
スピンドリフト
　ⓐ 106 Mooskit　20g
　ⓑ 1400 Mirry Dancers　15g

ゲージ

33 目× 34 段（1 ～ 2 号棒針・10cm 角）

編み方のポイント

◎この模様は横向きに編むのがおすすめ。
1 模様で横 35 ×縦 16cm 程度になります。

□ ＝ Ⅰ 表目　　▒ ⓐ

 模様の中心　　■ ⓑ

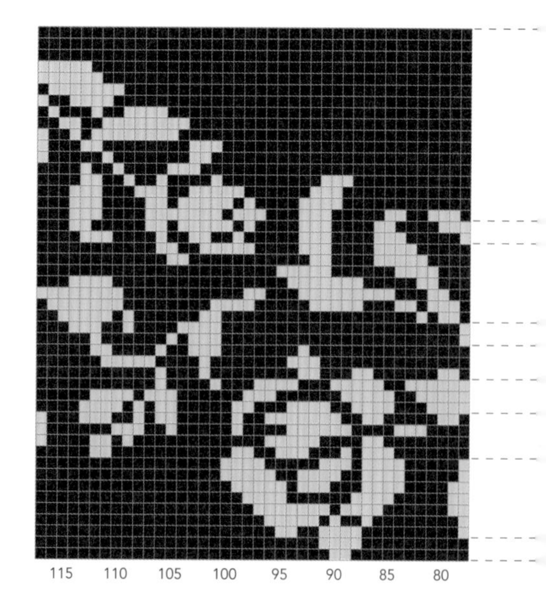

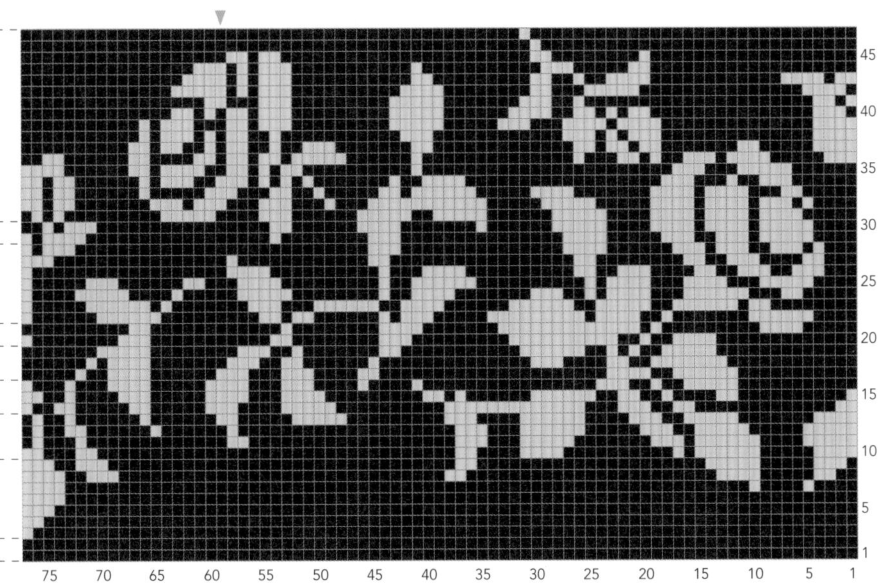

45
40
35
30
25
20
15
10
5
1
75 70 65 60 55 50 45 40 35 30 25 20 15 10 5 1

10 : Chain

チェーン

多色使いでステッチし、
カラフルに仕上げたチェーン模様です。
(色数が多く編み物にはしづらいので、この
模様はクロスステッチのみとなっています)
チェーンをまっすぐではなく、
少しずつずらすように配置しているので
模様に動きが生まれています。
それが多色使いと合わさり、
軽やかで楽しい雰囲気が出ました。
作品はピンクの濃淡、イエロー、ブルーの
4色使いですが、グラデーションに
なるように色を選んでも面白いと思います。

Basic pattern

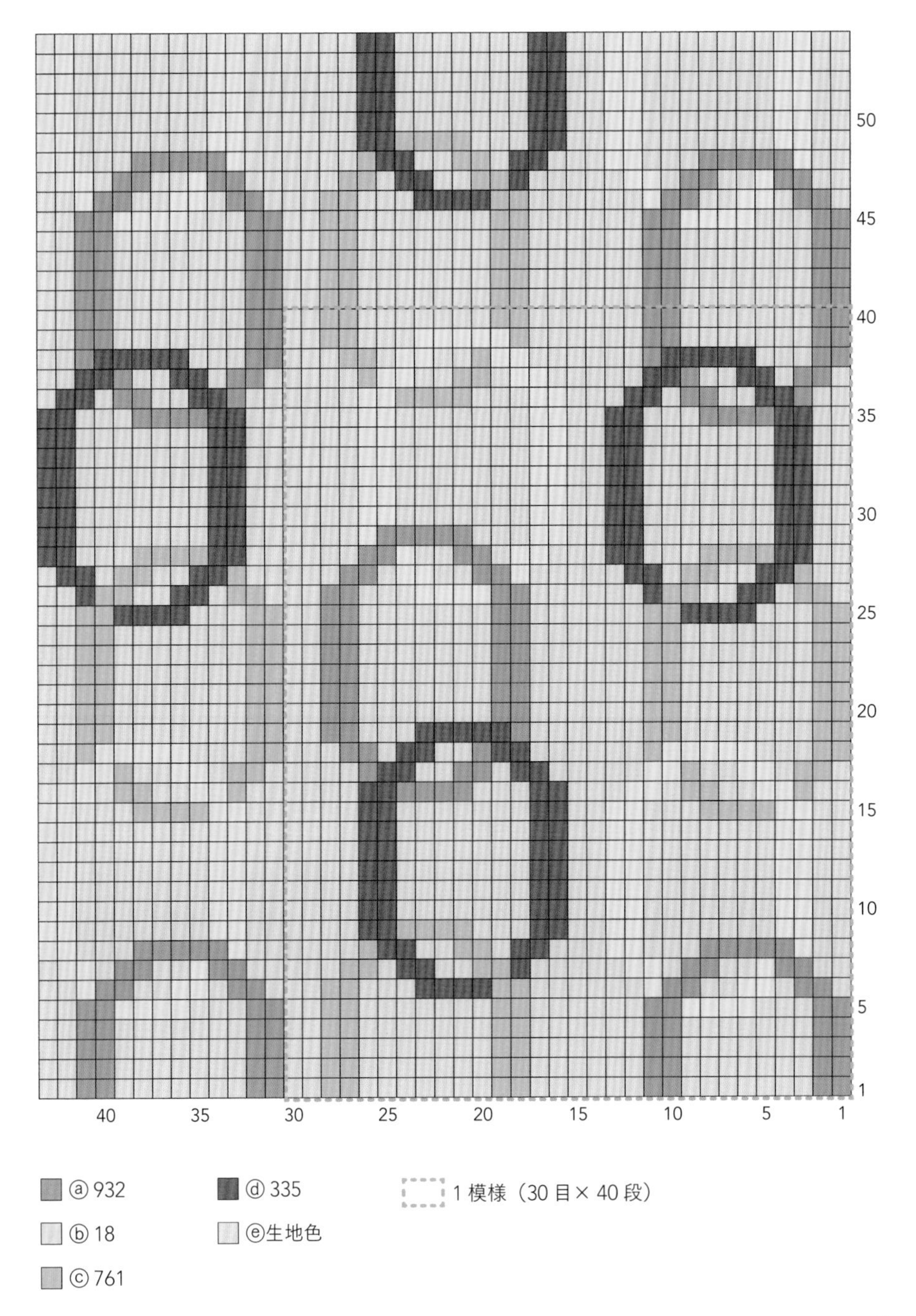

How to stitch

材料

基布／644（薄ベージュ）20 × 26cm
糸／DMC 25 番糸
ⓐ 932（ブルー）1 束
ⓑ 18（イエロー）1 束
ⓒ 761（薄ピンク）1 束
ⓓ 335（濃ピンク）1 束

刺し方のポイント

◎1 模様を縦方向に 3 回程度、横方向に 3 回程度リピートします。
◎この模様はモチーフが縦方向につながっているので、最初に生地の中央の左右に 1 模様ずつ配置し、それを基準に左右へ広げていくと、左右対称になります。

模様の配置

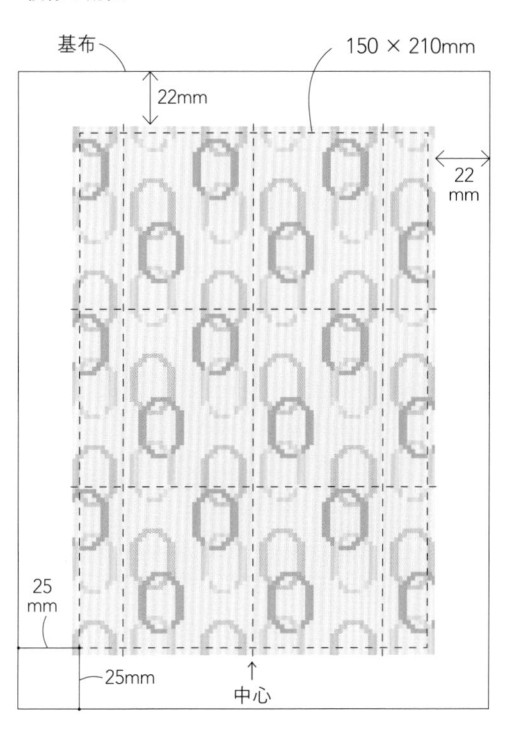

Color variation

基布／644（薄ベージュ）
糸／DMC 25 番糸
ⓐ 519（ブルー）
ⓑ 502（グリーン）
ⓒ 18（イエロー）
ⓓ 3842（ネイビー）

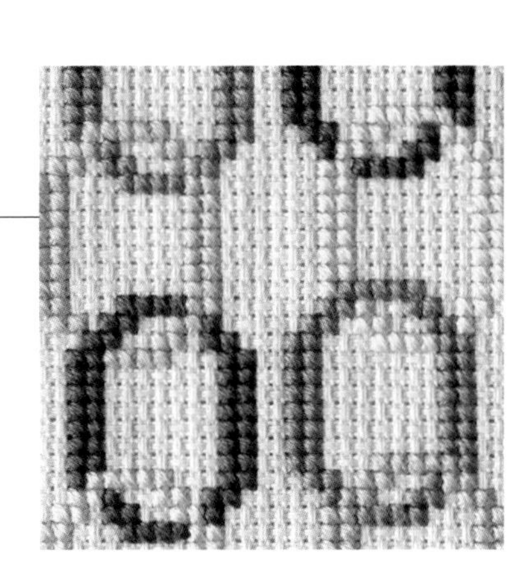

11 : *Houses*

おうち

「さんかく、しかくにまるがちょん」。
ちいさな三角屋根のおうちが並ぶ模様です。
扉を目立つ色にして、
アクセントカラーにしています。
三角屋根のとんがりの上に扉が乗るような
図案になっているので、
帽子のぼんぼり飾りがついているようにも
見えるのが面白いところだと思っています。
無機質になりがちな幾何学模様に、
弾むようなリズム感を加えられたかな、
と思います。

Basic pattern

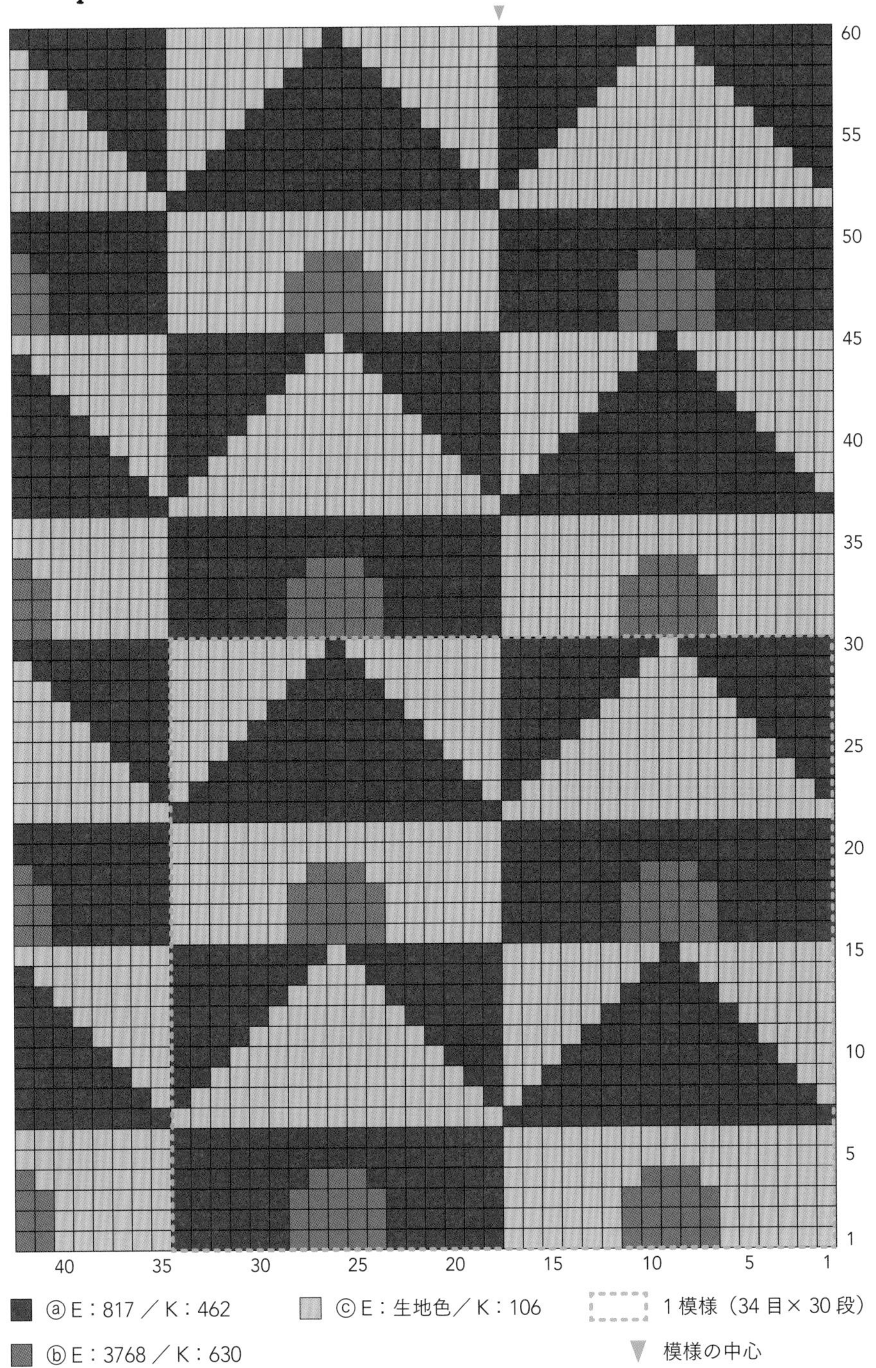

How to stitch

材料

基布／3033（濃ベージュ）20 × 26cm
糸／DMC 25 番糸
ⓐ 817（レッド）4 束
ⓑ 3768（グレー）1 束

刺し方のポイント

◎ 1 模様を縦方向に 4 回程度、横方向に 2.5 回程度リピートします。

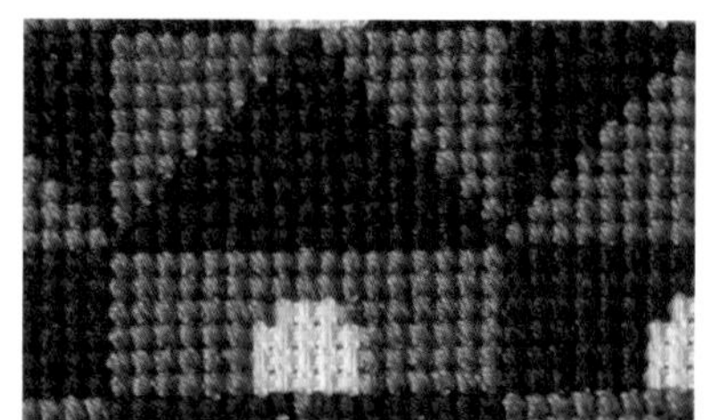

Color variation

基布／3033（濃ベージュ）
糸／DMC 25 番糸
ⓐ 823（ネイビー）
ⓒ 895（グリーン）

※ⓑ色を基布にし、ⓒ色部分を刺繍します。

How to knit

材料

ジェミーソンズ シェットランド
スピンドリフト
　ⓐ 462 Ginger　12g
　ⓑ 630 Dove　5g
　ⓒ 106 Mooskit　12g

ゲージ

33 目× 34 段（1 ～ 2 号棒針・10cm 角）

編み方のポイント

◎ 3 色で編むときの糸の持ち方は、左手に 2 本、右手に 1 本がおすすめです（→ P.124）。ⓑ色は毎回ドアを編み始める段でつけ、編み終わったら切ります。
◎同じ色が長く続く箇所では渡り糸が長くなりすぎないよう、適宜編んでいない色の糸を編み地の裏側でからめて編みます（→ P.126）。

12 : Clovers

クローバー

三つ葉のなかに、四つ葉が
まぎれているのがわかるでしょうか？
ラッキーモチーフを落とし込んで、
遊び心をプラスした模様です。
全体を通してひし形をベースにしており、
アーガイル模様の要素も入っています。
ステッチを刺したり、編んだり
しているときにも、四つ葉部分にきたら
ちょっと楽しい気分になりそうです。

Basic pattern

How to stitch

材料

基布／3813（薄グリーン）20 × 26cm
糸／DMC 25 番糸
　ⓐ 3363（グリーン）5 束

刺し方のポイント

◎ 1 模様を縦方向に 4.5 回程度、横方向に 2.5 回程度リピートします。

Color variation

基布／3033（濃ベージュ）
糸／DMC 25 番糸
　ⓑ 160（ブルーグレー）

※ⓑ色部分を刺繍します。

How to knit

材料

ジェミーソンズ シェットランド
スピンドリフト
ⓐ 286 Moorgrass　13g
ⓑ 769 Willow　13g

ゲージ

33 目× 34 段（1 〜 2 号棒針・10cm 角）

編み方のポイント

◎ⓑ色を目立つほうの色（→ P.124）として編むと、クローバーの形が際立ちます。

13 : Squirrels

リス

リスの特徴である
大きなしっぽが主役の模様です。
手や脚などは模様に入れず、
要素を絞り込んで
シンボリックなモチーフを作りました。
くるりと巻いた大きなしっぽが
リスの仕草を思い起こさせ、
模様全体に楽しいリズムと
愛らしさを作っているように思います。
かわいくなりがちな生き物の模様も
シンプルなデザインにしたことで、
年齢問わず使っていただけるかと思います。

Basic pattern

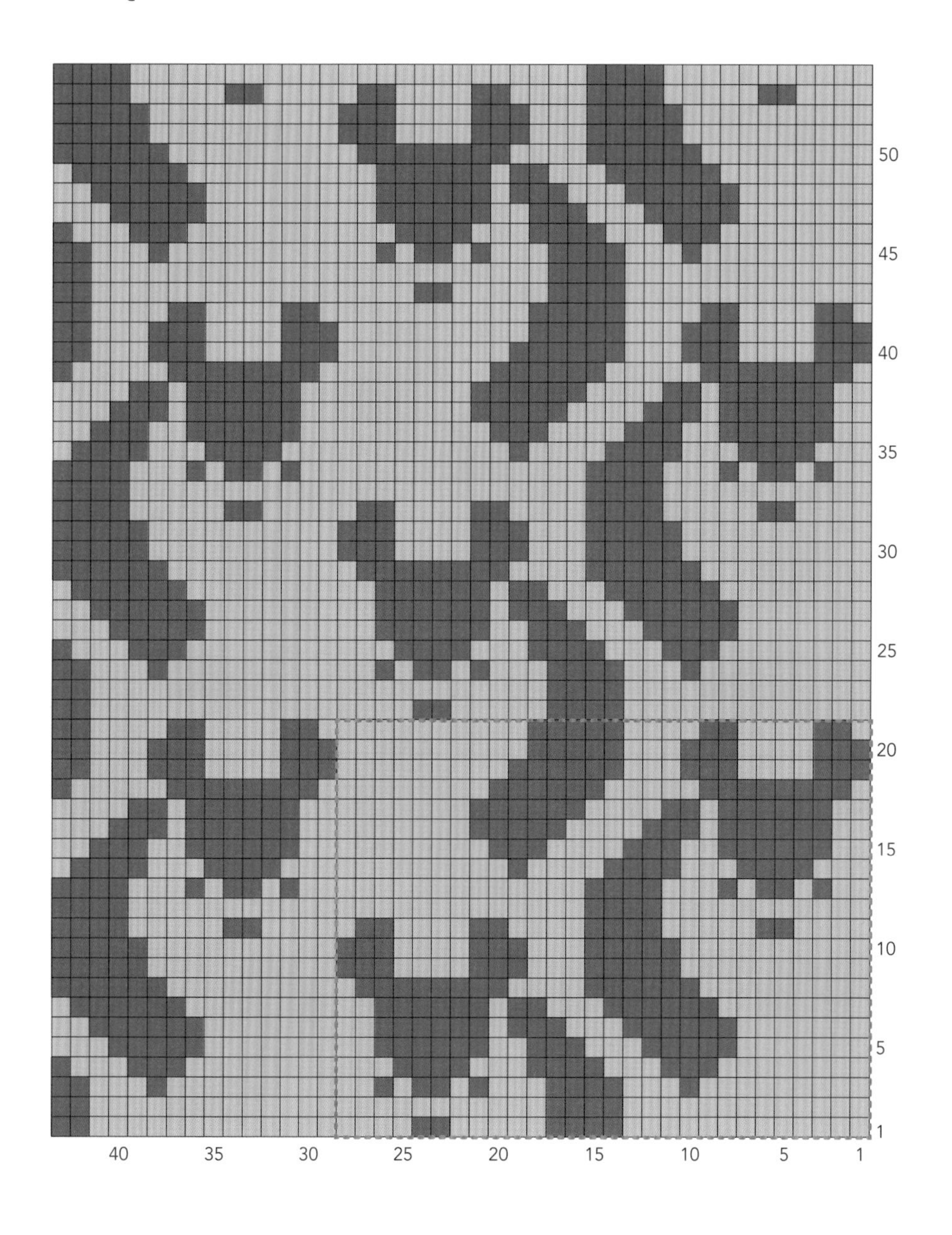

ⓐ E：986／K：790　ⓒ E：生地色／K：106　1 模様（28 目× 21 段）

ⓑ E：733／K：791

How to stitch

材料

基布／3033（濃ベージュ）20 × 26cm
糸／DMC 25 番糸
ⓐ 986（グリーン）4 束
ⓑ 733（オリーブグリーン）2 束

刺し方のポイント

◎ 1 模様を縦方向に 6 回程度、横方向に 3 回程度リピートします。

Color variation

基布／3033（濃ベージュ）
糸／DMC 25 番糸
ⓐ 946（オレンジ）
ⓑ 3768（ブルーグレー）

How to knit

材料

ジェミーソンズ シェットランド
スピンドリフト
ⓐ 790 Celtic　12g
ⓑ 791 Pistachio　8g
ⓒ 106 Mooskit　12g

ゲージ

33 目× 34 段（1 ～ 2 号棒針・10cm 角）

編み方のポイント

◎ 3 色で編むときの糸の持ち方は、左手に 2 本、右手に 1 本がおすすめです（→ P.124）。ⓑ色は毎回しっぽを編み始める段でつけ、編み終わったら切ります。

◎ⓒ色が長く続く箇所では渡り糸が長くなりすぎないよう、適宜編んでいない色の糸を編み地の裏側でからめて編みます（→ P.126）。

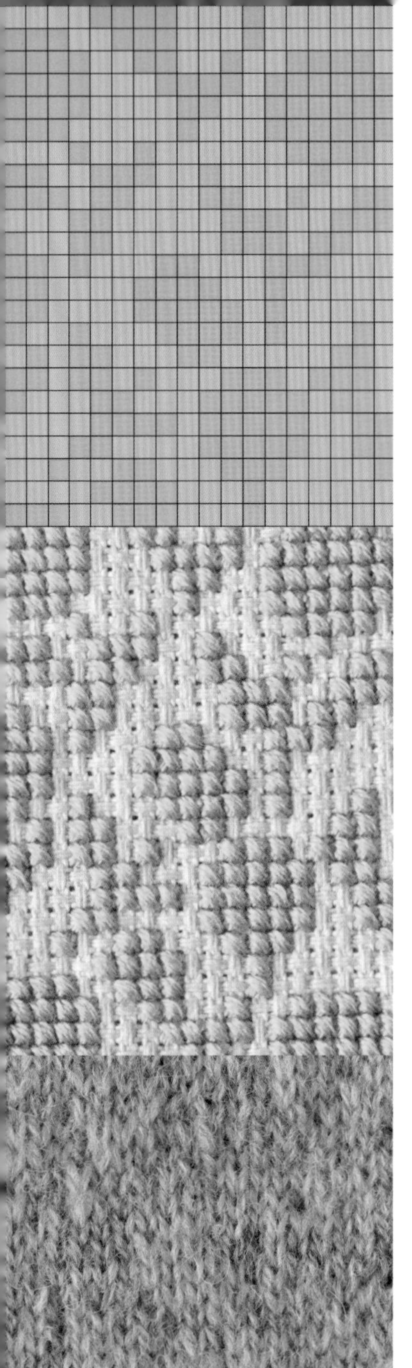

14 : Carpet of flowers

花のじゅうたん

春になると、空き地に小さな花が
地面を覆うようにいっせいに咲いています。
背の高い草が成長するまでのほんの一瞬、
街のなかに花のじゅうたんが敷かれたよう。
小さな花を敷きつめたような
密度の高い図案なので、
小物づくりに最適だと思います。
クロスステッチは組み合わせた５種類の
小花模様のどれかひとつを取り出して
ワンポイントで使っても。
模様と模様の間隔を広げて調整すると、
また雰囲気が違って見えてくると
思います。

Basic pattern

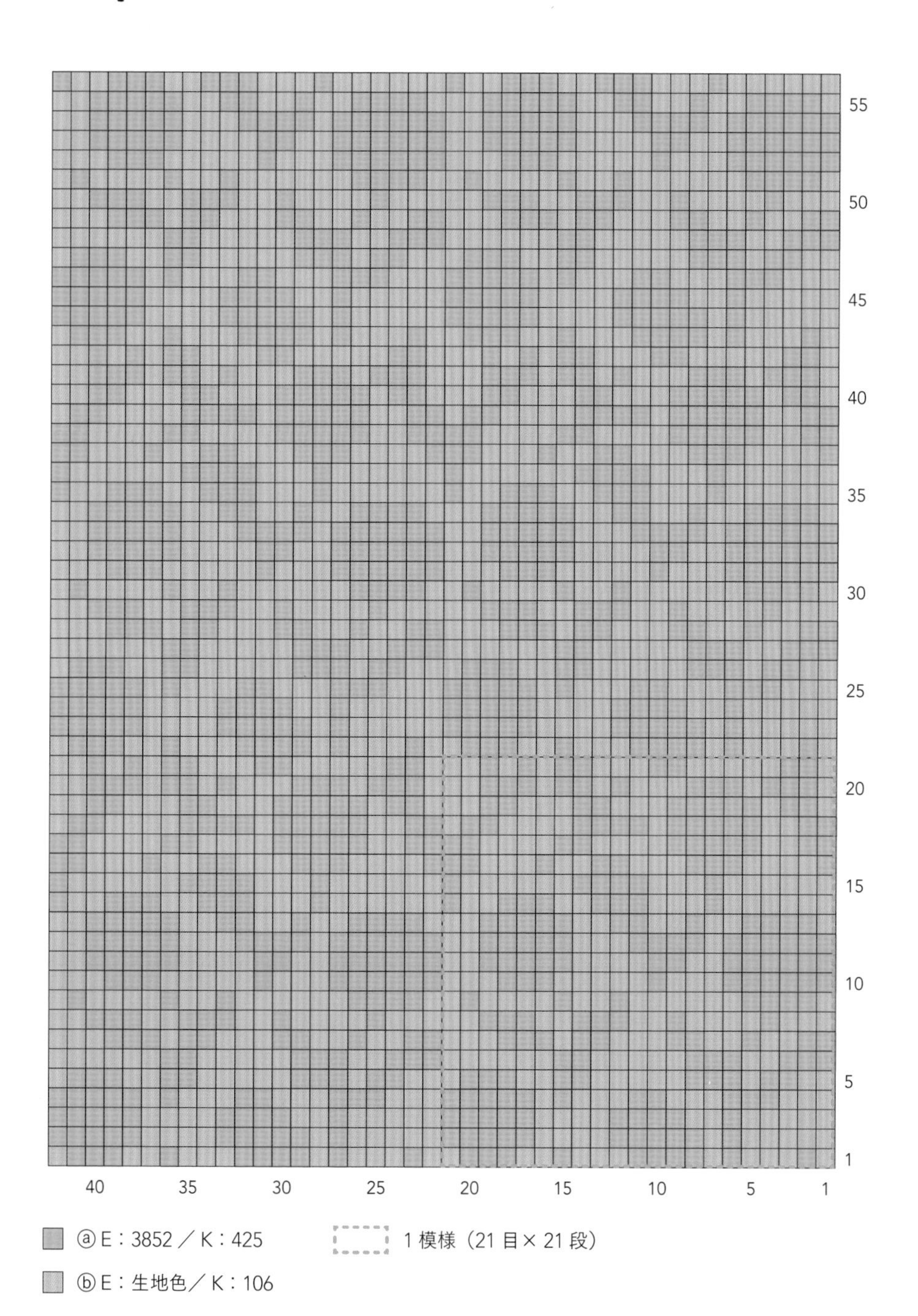

How to stitch

材料

基布／3033（濃ベージュ）20 × 26cm
糸／DMC 25 番糸
　ⓐ 3852（マスタード）5 束

刺し方のポイント

◎ 1 模様を縦方向に 5.5 回程度、横方向に 4 回程度リピートします。

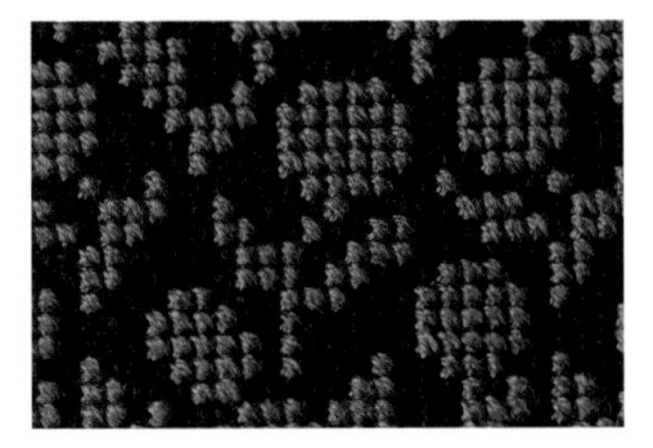

Color variation

基布／310（ブラック）
糸／DMC 25 番糸
　ⓐ 3740（パープル）

How to knit

材料

ジェミーソンズ シェットランド
スピンドリフト
ⓐ 425 Mustard　12g
ⓑ 106 Mooskit　10g

ゲージ

33 目× 34 段（1 ～ 2 号棒針・10cm 角）

編み方のポイント

◎ⓐ色を目立つほうの色（→ P.124）として編むと、小花の形が際立ちます。

15 : Coniferous trees

針葉樹

もみの木などの針葉樹が
茂る様子を模様にしました。
刺し子のような雰囲気もあります。
針葉樹が立つ姿は
矢印が上に向いて伸びているようで、
地面にしっかりと根を下ろし上に伸びる、
安定感のある形状に惹かれます。
使う人を選ばずに取り入れやすい
模様ではないでしょうか。

Basic pattern

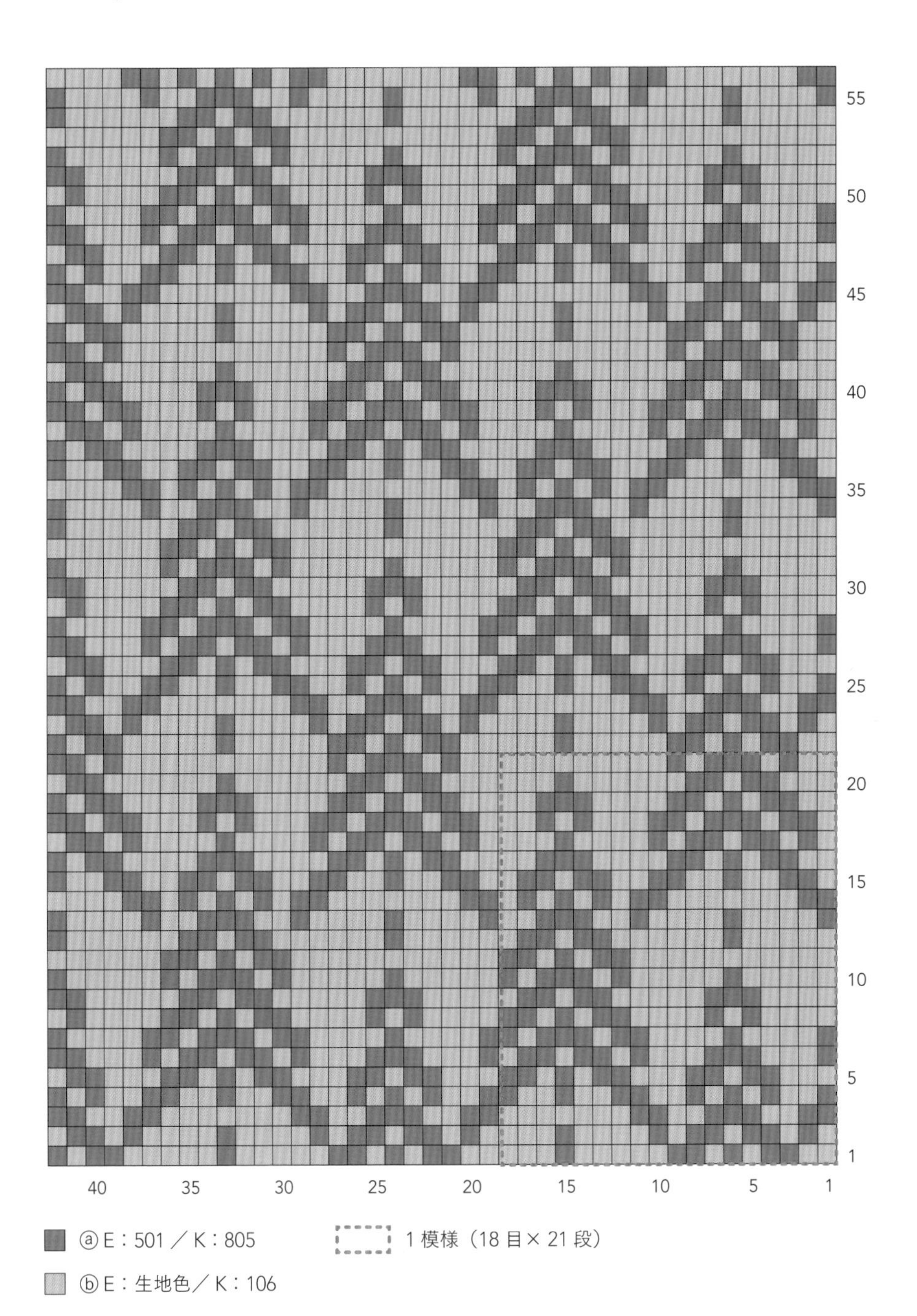

ⓐE：501／K：805

ⓑE：生地色／K：106

1模様（18目×21段）

How to stitch

材料

基布／3033（濃ベージュ）20 × 26cm
糸／DMC 25 番糸
ⓐ 501（グリーン）4 束

刺し方のポイント

◎縦方向、横方向ともに 1 模様を 5.5 回程度リピートします。

Color variation

基布／310（ブラック）
糸／DMC 25 番糸
ⓐ 500（グリーン）

How to knit

材料

ジェミーソンズ シェットランド
スピンドリフト
　ⓐ 805 Spruce　12g
　ⓑ 106 Mooskit　12g

ゲージ

33目× 34段（1～2号棒針・10cm角）

編み方のポイント

◎ⓐ色を目立つほうの色（→ P.124）として編むと、針葉樹の形が際立ちます。

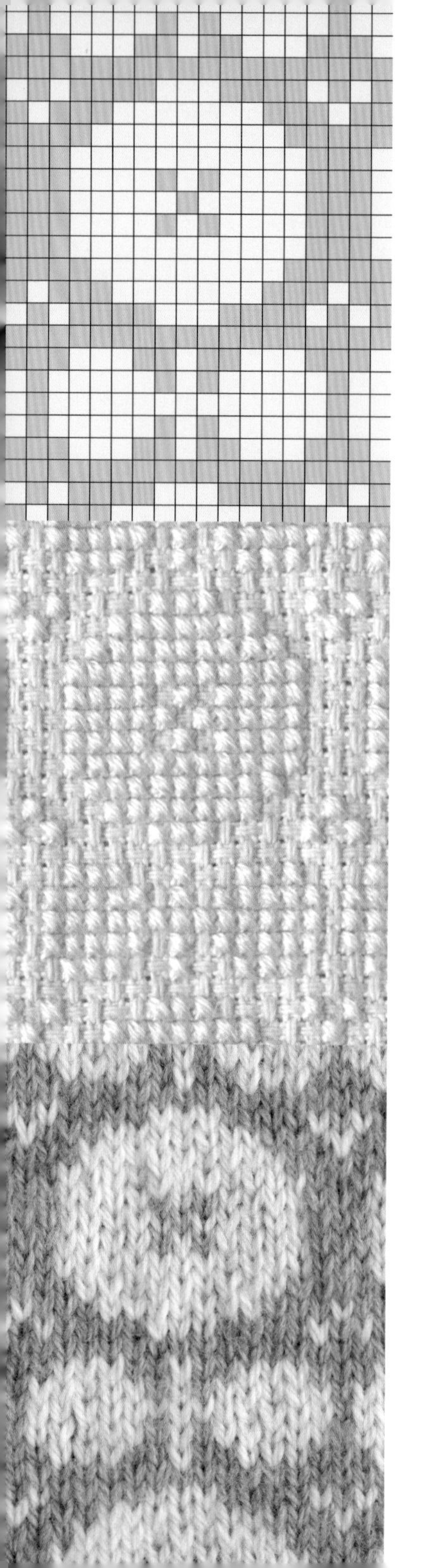

16 : Round flowers

まるいはな

ボタンのような丸い花と葉っぱで
模様を作りました。
シンプルな図案なので、花や葉の部分を
小さくしたり、大きくしたりして
アレンジするのもおすすめです。
サイズを小さくすれば、地模様のように。
反対に大きくすると「私はここよ」と
丸い花が言っているような、
主役として存在感を放つ
模様にもなりそうです。

Basic pattern

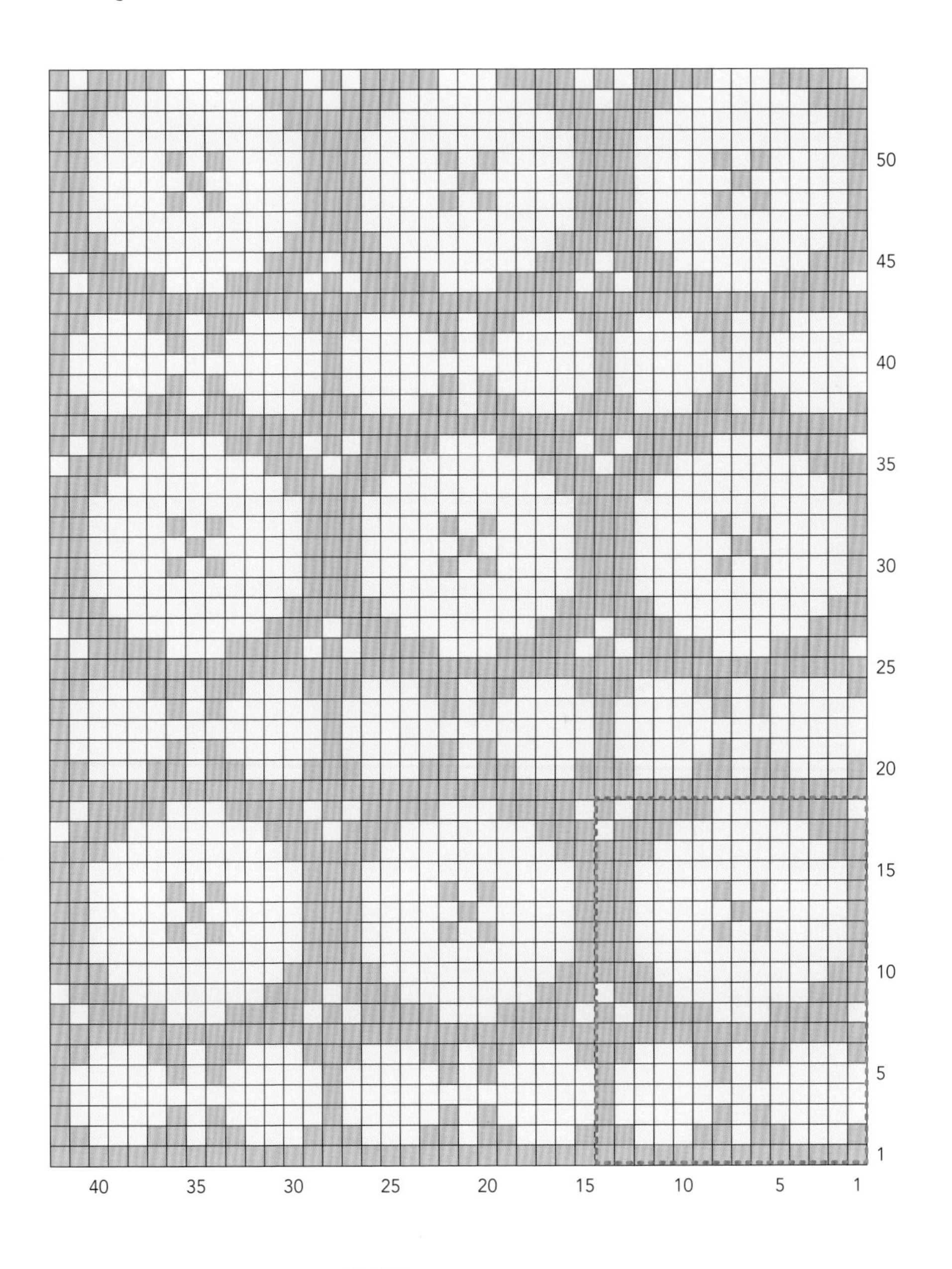

ⓐE：3866／K：2

ⓑE：生地色／K：4

1模様（14目×18段）

How to stitch

材料

基布／644（薄ベージュ）20 × 26cm
糸／DMC 25番糸
　ⓐ 3866（ベージュ）5束

刺し方のポイント

◎1模様を縦方向、横方向ともに6回程度リピートします。

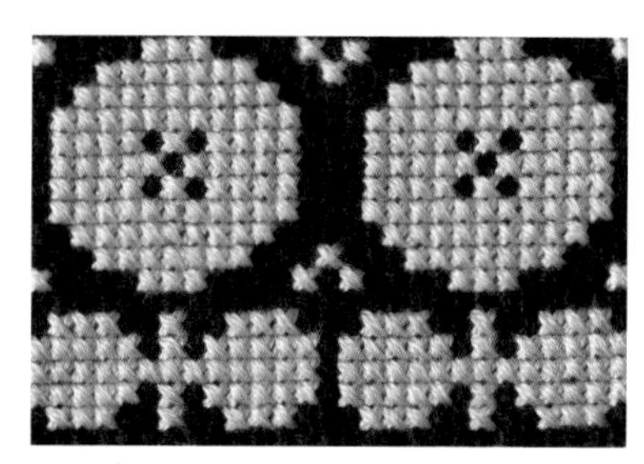

Color variation

基布／310（ブラック）
糸／DMC 25番糸
　ⓐ 3866（ベージュ）

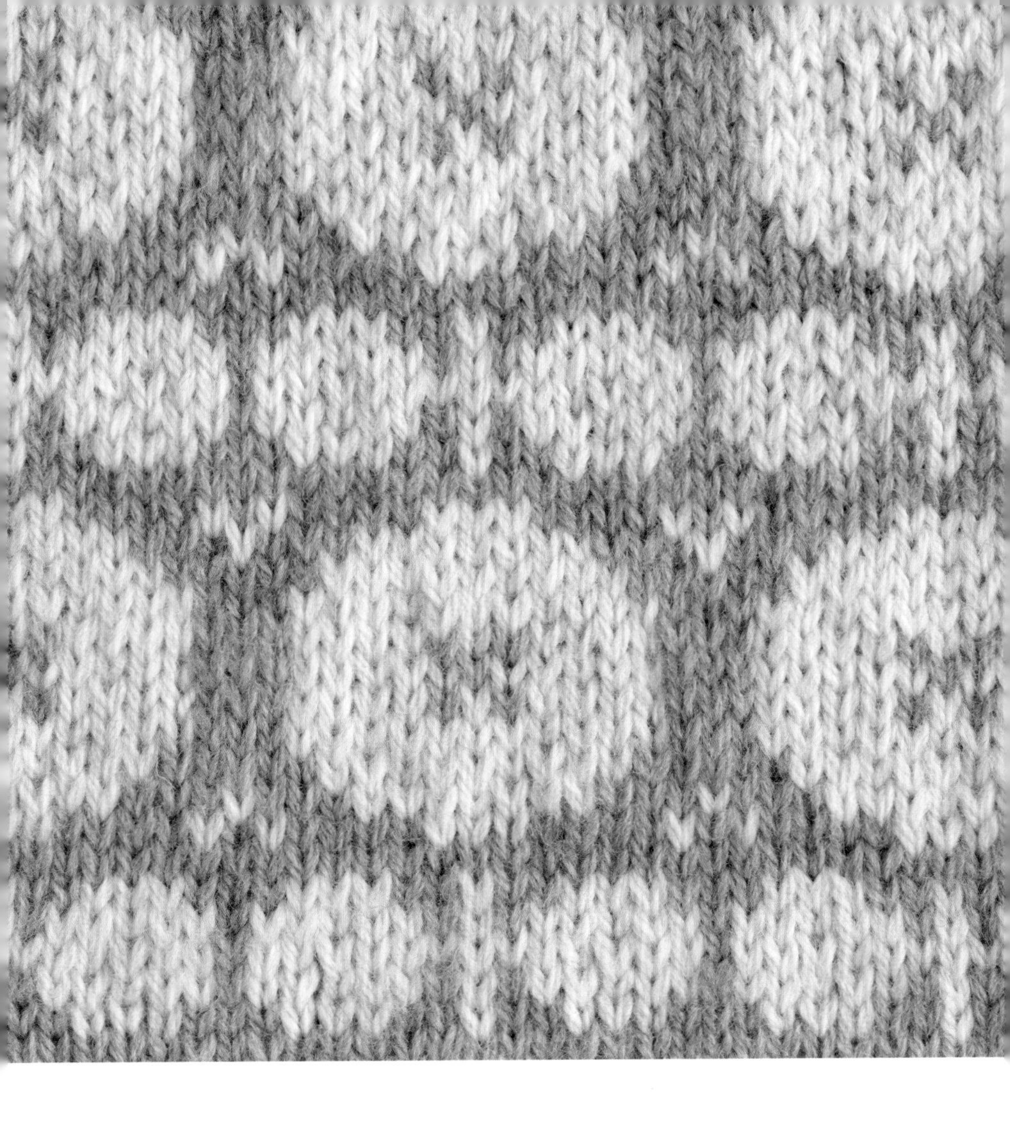

How to knit

材料

DARUMA メリノスタイル 並太
ⓐ2 ライトベージュ　15g
ⓑ4 コルク　15g

ゲージ

23 目× 26 段（7 ～ 8 号棒針・10cm 角）

編み方のポイント

◎ⓑ色 1 色の段は、往復に編む場合は最初にⓐ色を切り、次段で再度つけます。輪に編む場合は切らずに 1 段休めておき、次段から続けて使います。
◎同じ色が長く続く箇所では渡り糸が長くなりすぎないよう、適宜編んでいない色の糸を編み地の裏側でからめて編みます(→ P.126)。

17 : Things falling down

空から降るもの

「今日は雨のち曇り」。その日の準備を
するために必ず見る天気予報。
毎日同じ時間に見るので、
時計代わりのようで親しみを感じます。
空から降ってくる雨や雪などの
天気が変化していく様子を層ごとに表現し、
ボーダー模様になるように作りました。
雲の層から出る縞模様は雨のようでもあり、
雷のようでもあり。
大きなしずくは水玉模様の要素をもち、
傘と雲はフリル飾りのように
模様全体のアクセントになります。
いくつもの要素がありますが、
サイズ感やテーマをそろえることで
模様にまとまりができました。
次々に場面が変わるので、
マフラーのような長いものにぴったりです。

Basic pattern

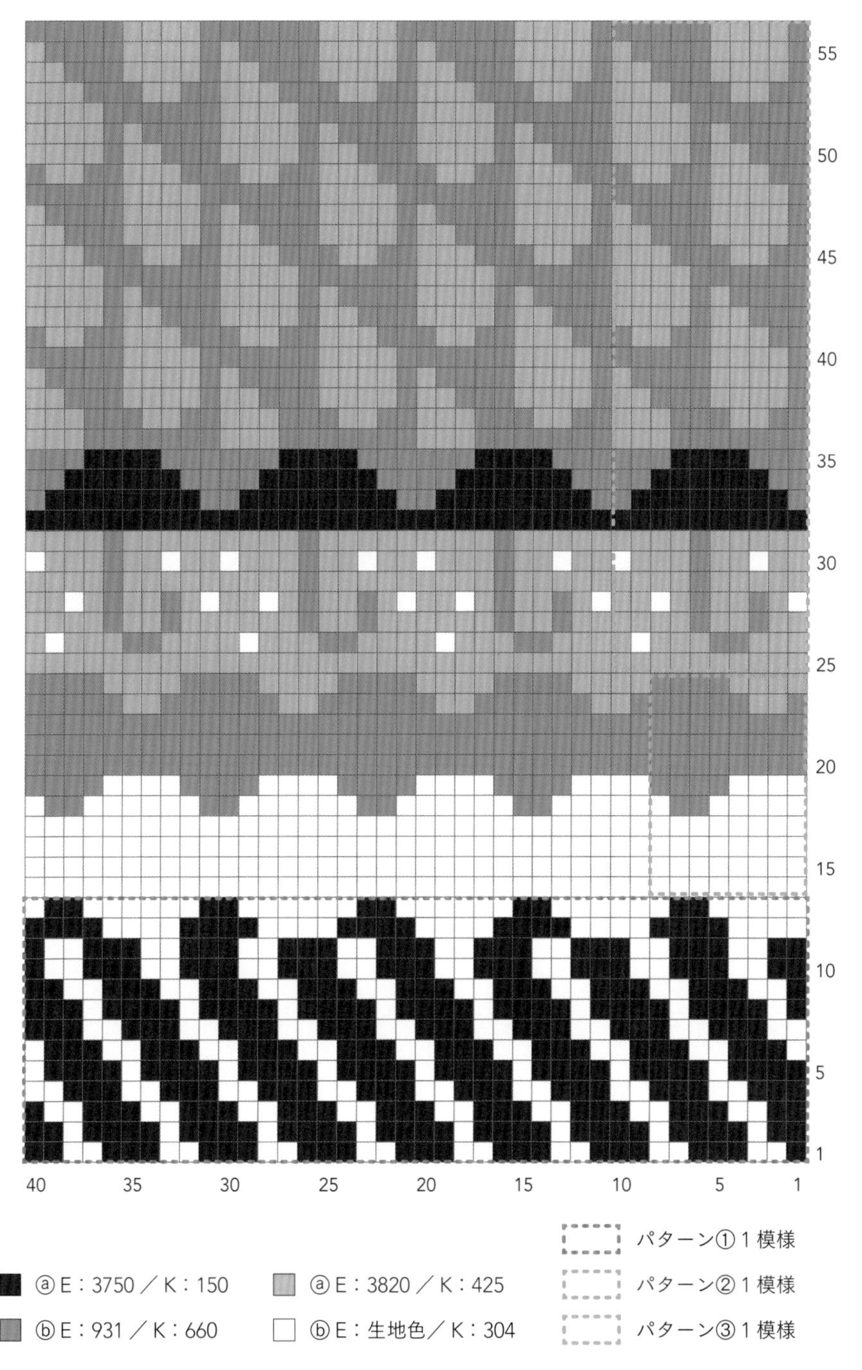

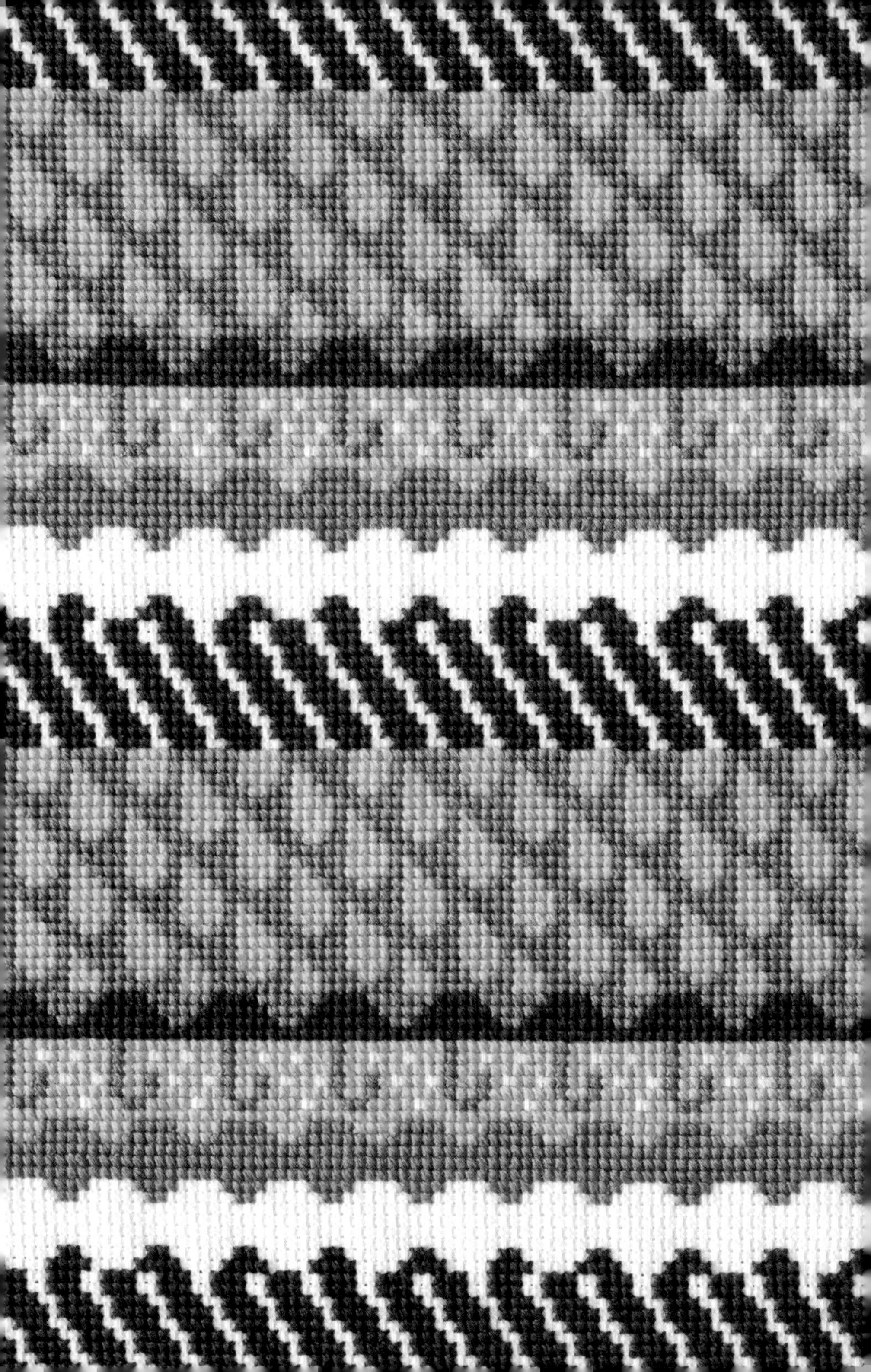

How to stitch

材料

基布／BLANC（ホワイト）20×26cm
糸／DMC 25番糸
　ⓐ 3750（ネイビー）3束
　ⓑ 931（ブルー）3束
　ⓒ 3820（マスタード）3束

刺し方のポイント

◎パターン①〜③を組み合わせた模様全体は、横40目×縦56目で1模様となります。
◎縦方向には模様全体2回＋パターン①を1回程度、横方向には模様全体2回＋パターン③1回分程度リピートします。

模様の配置

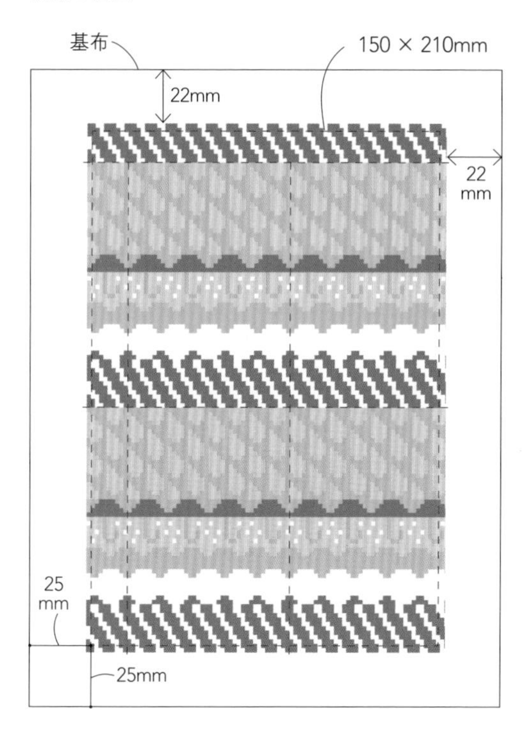

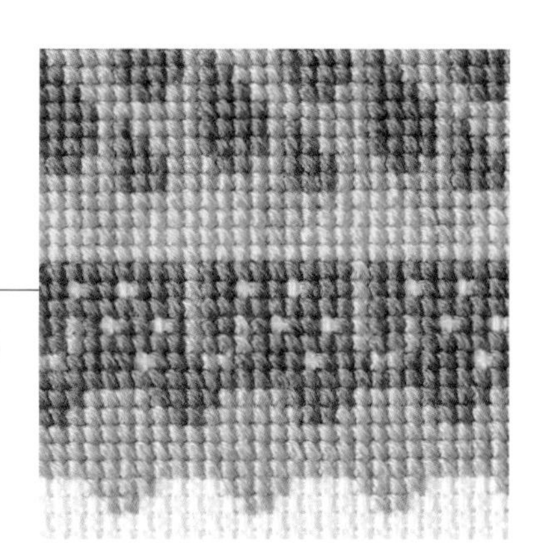

Color variation

基布／BLANC（ホワイト）
糸／DMC 25番糸
　ⓐ 18（イエロー）
　ⓑ 06（ベージュ）
　ⓒ 3778（ピンク）

How to knit

材料

ジェミーソンズ シェットランド
スピンドリフト
ⓐ 150 Atlantic　5g
ⓑ 660 Lagoon　8g
ⓒ 425 Mustard　8g
ⓓ 304 White　5g

ゲージ

33目×34段（1～2号棒針・10cm角）

編み方のポイント

◎1色でメリヤス編みをする段は編み込みをする段よりゲージがゆるくなりやすいので、きつめに編みます。
◎パターン③の2・4・6段めのⓓ色部分はⓒ色で編み、最後にⓓ色1本取りでメリヤス刺繍（→P.118）をします。

□＝□ 表目

■ ⓐ
■ ⓑ
■ ⓒ
□ ■ ⓓ
※ⓓの■はメリヤス刺繍

パターン① 1模様
（40目×13段）

パターン② 1模様
（8目×11段）

パターン③ 1模様
（10目×32段）

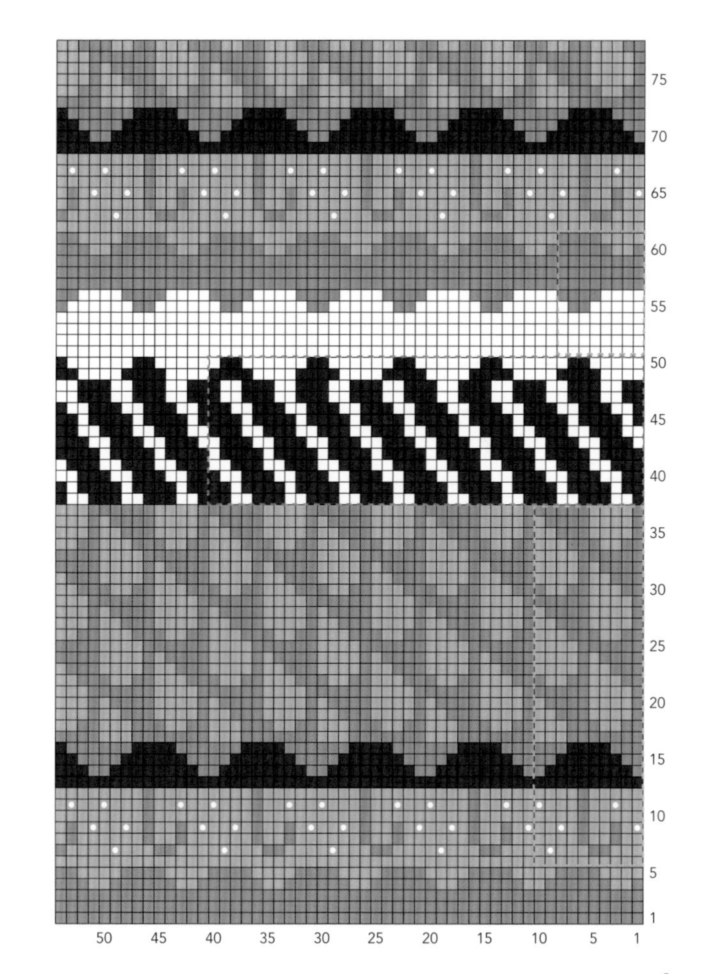

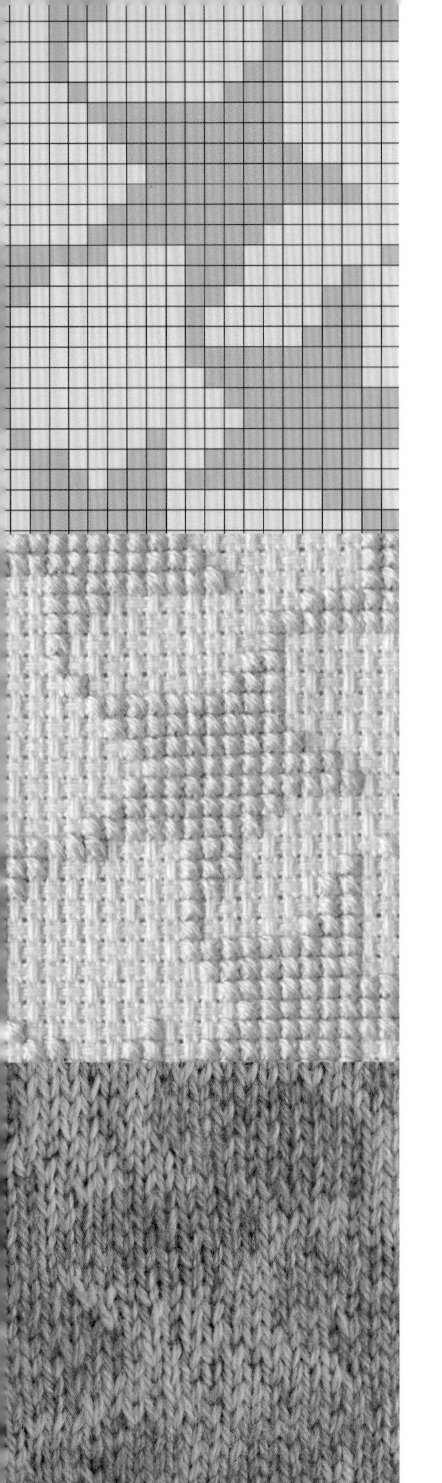

18 : Stars

スター

星たちが踊るような模様を作りました。
整列させるのではなく、少し崩したような
スタイルにして躍動感を出しています。
星というと硬質で金属的なイメージがあり
糸とは対極的な質感のように思うのですが、
そんな星をあえて温かみのある
刺繍とニットで表現したところに
面白みが出たかなと思います。
ラメ入りの糸を使って
きらきら感を表現しても面白いと思います。

Basic pattern

ⓐE：754／K：23

ⓑE：生地色／K：4

1模様（30目×30段）

How to stitch

材料

基布／644（薄ベージュ）20 × 26cm
糸／DMC 25 番糸
　ⓐ 754（ピンク）5 束

刺し方のポイント

◎ 1 模様を縦方向に 4 回程度、横方向に 3 回程度リピートします。

Color variation

基布／644（薄ベージュ）
糸／DMC 25 番糸
　ⓐ 931（ブルー）

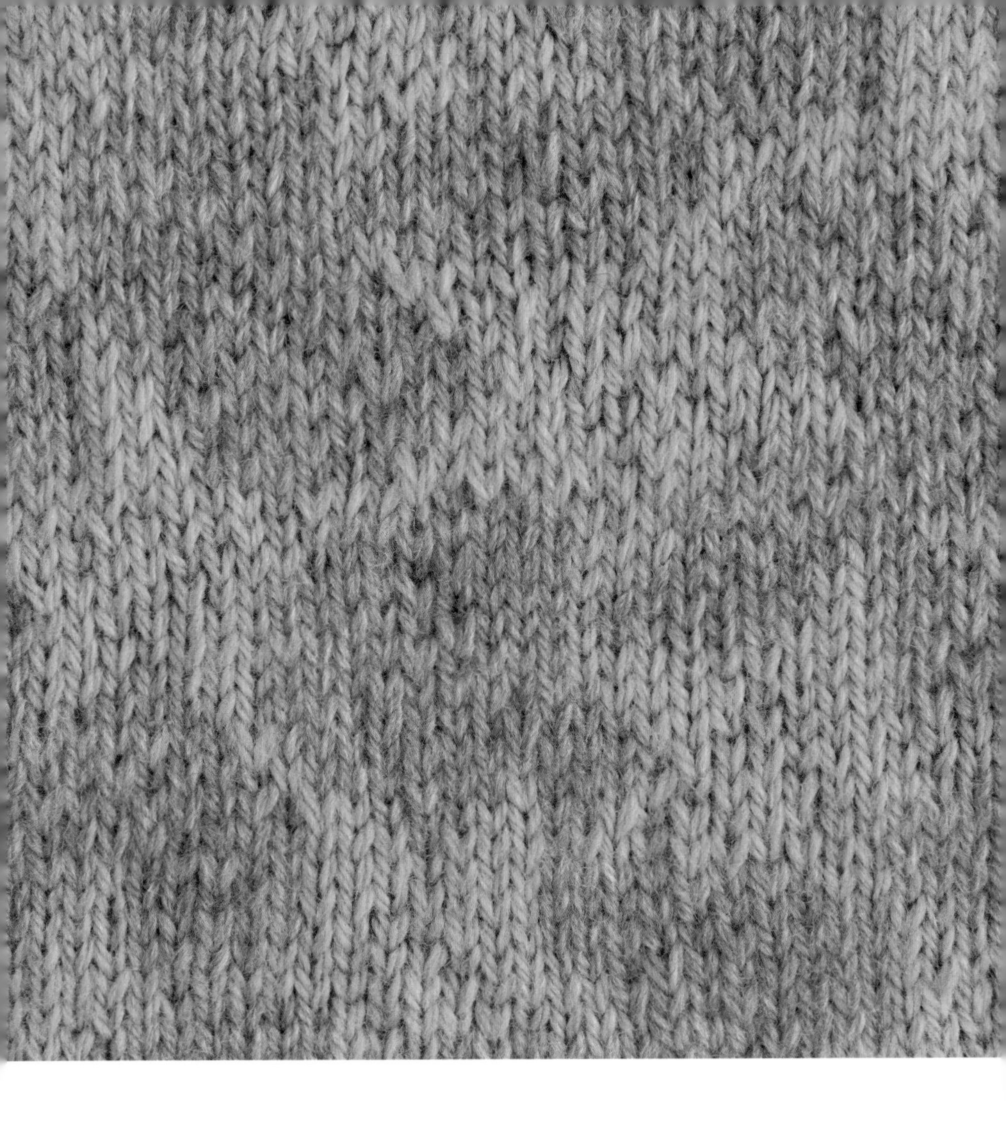

How to knit

材料

DARUMA メリノスタイル 並太
　ⓐ 23 サンゴ　15g
　ⓑ 4 コルク　15g

ゲージ

23 目× 26 段（7 ～ 8 号棒針・10cm 角）

編み方のポイント

◎シームレスな（つなぎ目がわかりにくい）模様なので中心を気にせず配置できます。ただし輪に編むと段の境目でズレが生じるため、1 模様は輪に編んでもズレが目立ちにくい位置にしてあります。
◎同じ色が長く続く箇所では渡り糸が長くなりすぎないよう、適宜編んでいない色の糸を編み地の裏側でからめて編みます(→ P.126)。

19 : *Cat with a fish*

魚をくわえた猫

たいらげた魚の骨をくわえた、
猫の様子を模様にしました。
骨だけになってしまった魚を
見つめるちょっと残念そうな表情に。
ほかにも耳を立て、瞳孔を細くして
集中している表情に、
こちらをまっすぐ見つめる
フラットな表情。
猫の表情にクローズアップした
コミカルな模様です。

Basic pattern

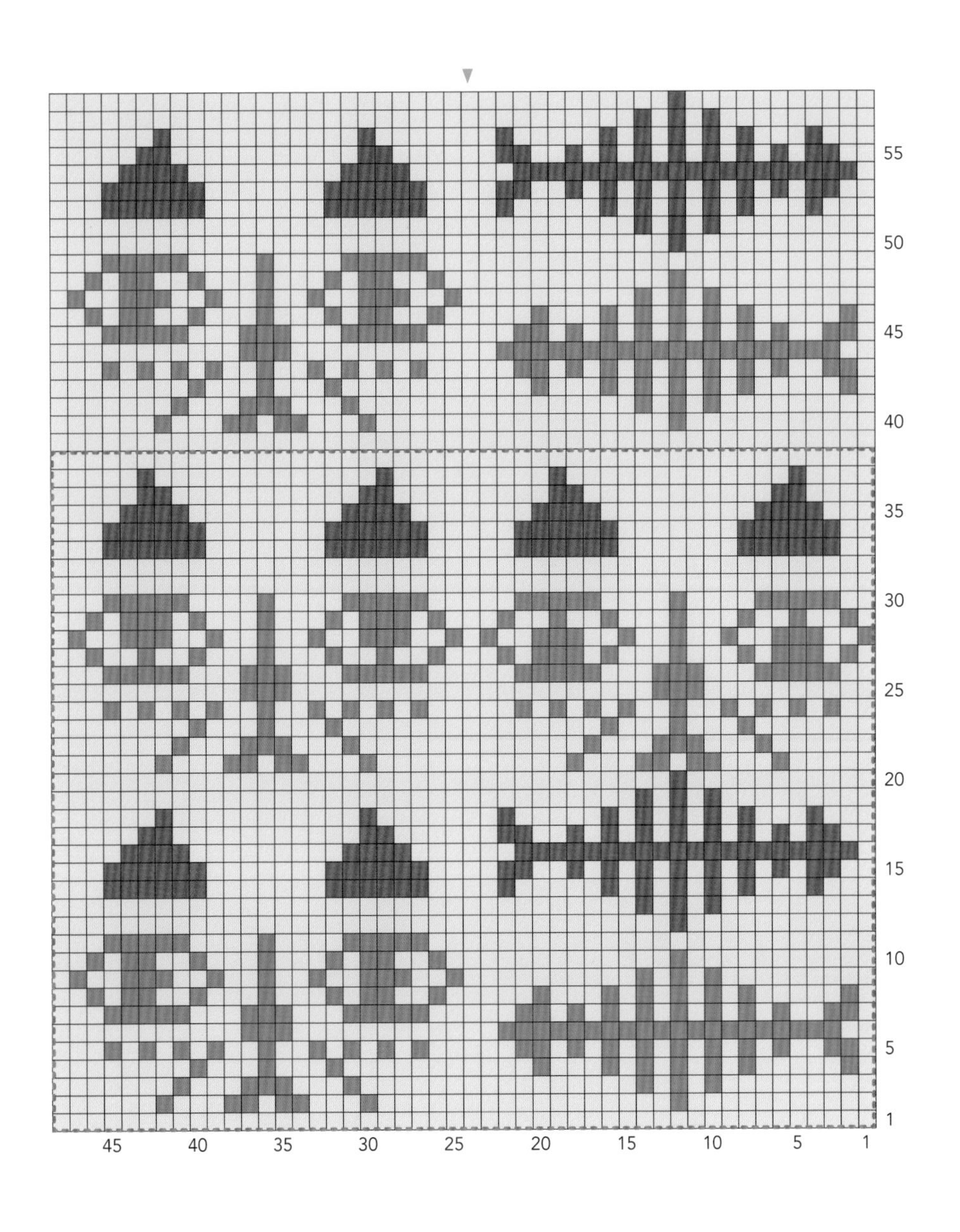

■ ⓐE：3848／K：315　□ ⓒE：生地色／K：106　┆┄┆ 1模様（48目× 38段）

■ ⓑE：720／K：227　▼ 模様の中心

How to stitch

材料

基布／3813（薄グリーン）20 × 26cm
糸／DMC 25 番糸
　ⓐ 3848（グリーン）2 束
　ⓑ 720（オレンジ）1 束

刺し方のポイント

◎ 1 模様を縦方向に 3.5 回程度、横方向に 2 回程度リピートします。

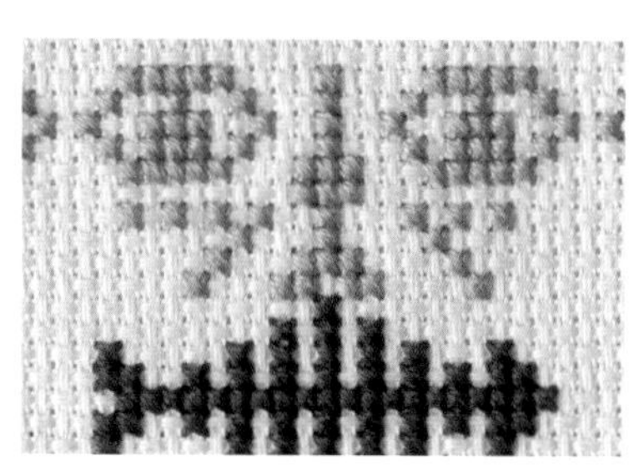

Color variation

基布／644（ベージュ）
糸／DMC 25 番糸
　ⓐ 642（グレー）
　ⓒ 3021（ブラック）

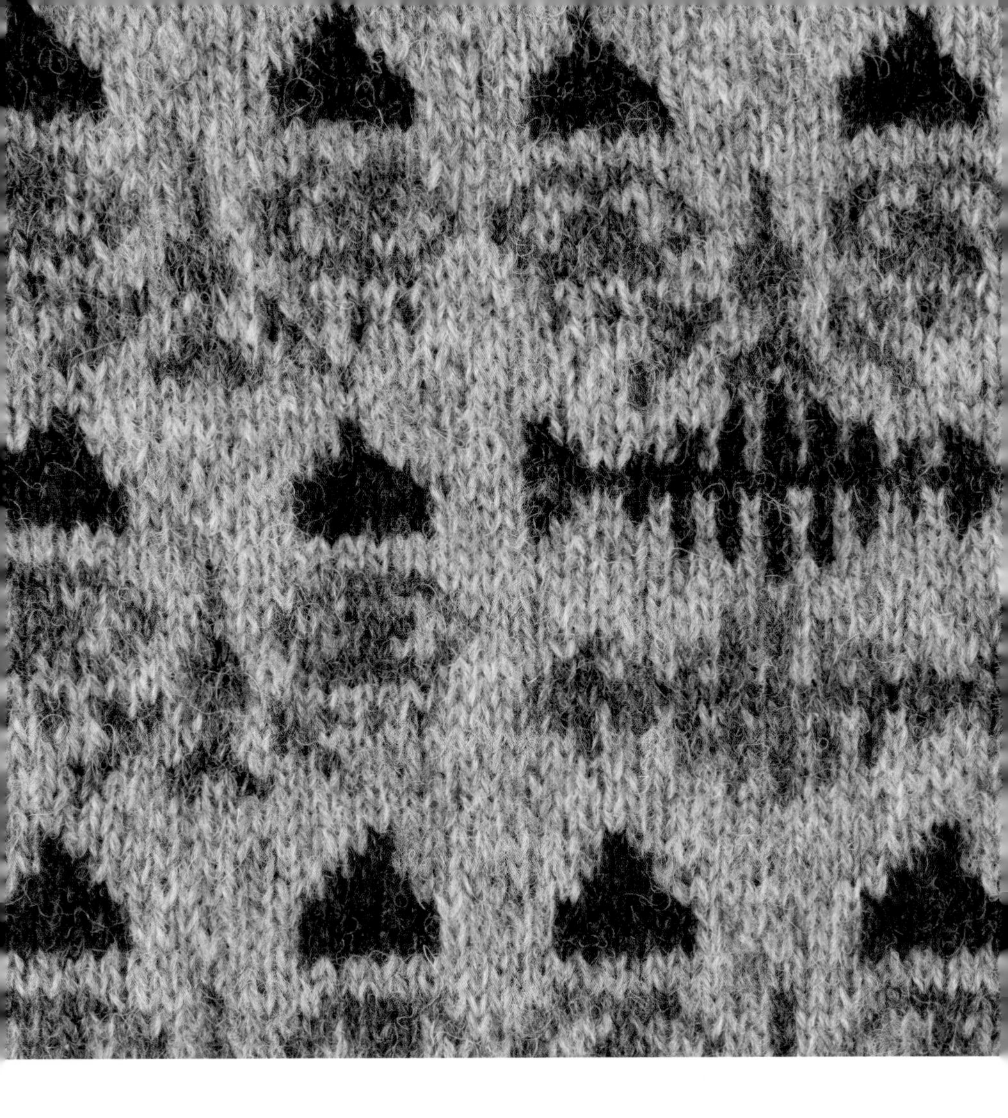

How to knit

材料

ジェミーソンズ シェットランド
スピンドリフト
ⓐ 315 Heron　8g
ⓑ 227 Earth　5g
ⓒ 106 Mooskit　15g

ゲージ

33 目× 34 段（1 ～ 2 号棒針・10cm 角）

編み方のポイント

◎ P.89「Basic Pattern」のⓐ色を Heron（グレー）、ⓑ色を Earth（ブラック）、ⓒ色を Mooskit（ベージュ）で編みます。
◎ⓐ色、ⓑ色の糸は、毎回模様が始まる段でつけ、模様を編み終わったら切ります。

20 : Snowy field

ゆきのはら

雪原を歩く鹿の親子とたたずむうさぎに、
しんしんと降り積もる雪の風景を
模様にしました。
雪原に降る雪と、
原っぱにはらはらと降る雪。
マフラーの左右の端で、
ふたつの風景が楽しめたらいいな……
と思い、編み物用には色違いの
模様もデザインしました（P.114参照）。

Basic pattern

- ⓐ E：932 ／ K：720
- ⓑ E：937 ／ K：259
- ⓒ E：3782 ／ K：337
- ⓓ E：817 ／ K：259
- ⓔ E：生地色／ K：104

パターン①▶
（1 模様　87 目× 24 段）

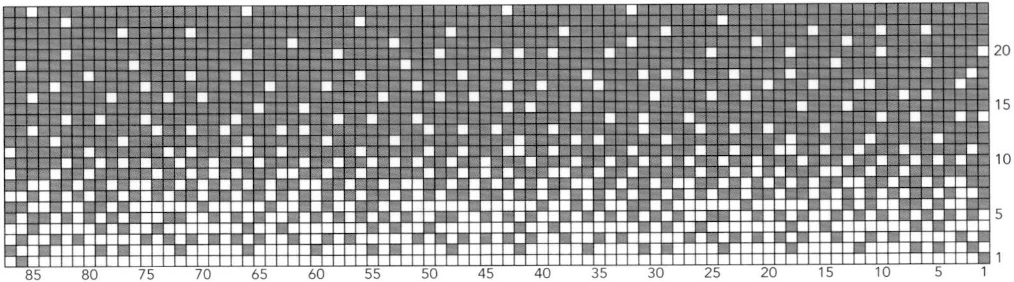

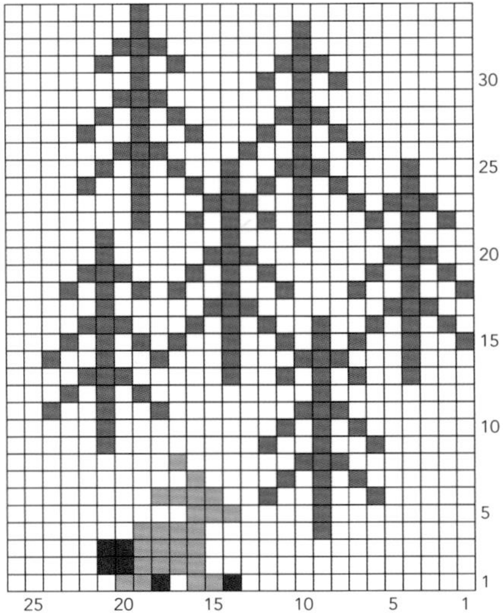

パターン②（1 模様　27 目× 22 段）

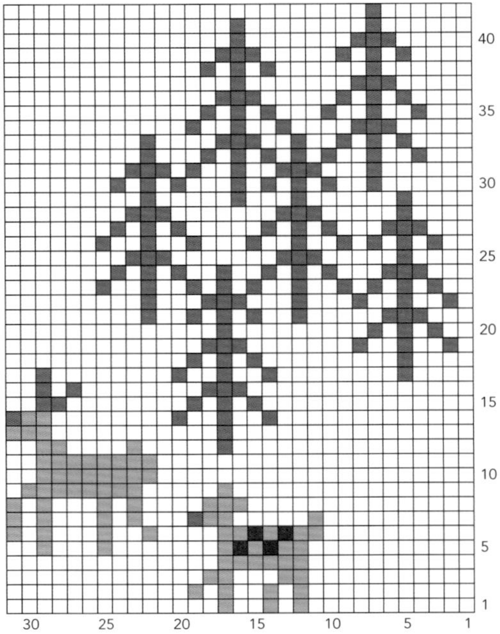

パターン③（1 模様　26 目× 34 段）

パターン④▶
（1 模様　31 目× 42 段）

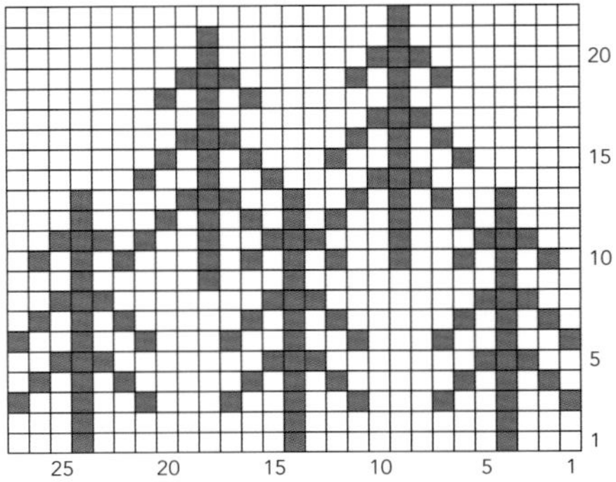

How to stitch

材料

基布／712（生成り）20 × 26cm
糸／DMC 25 番糸
ⓐ 932（ブルー）2 束
ⓑ 937（グリーン）1 束
ⓒ 3782（ベージュ）1 束
ⓓ 817（レッド）1 束

刺し方のポイント

◎右図を目安に、それぞれの位置にパターン①〜④を刺しましょう。

模様の配置

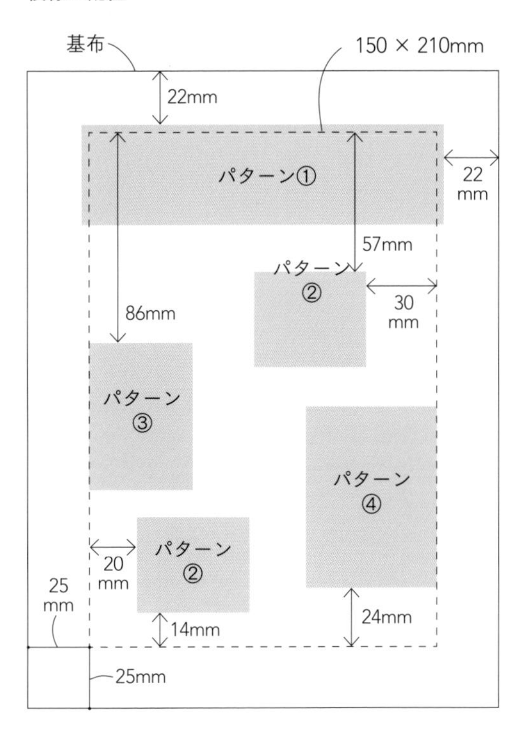

Color variation

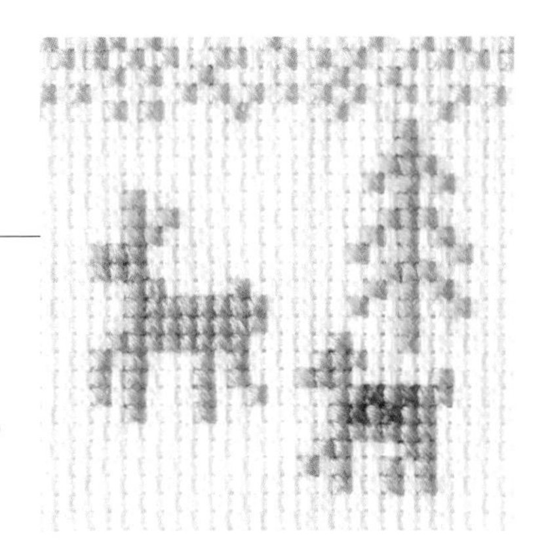

基布／712（生成り）
糸／DMC 25 番糸
ⓐ 644（薄ベージュ）
ⓑ 3820（マスタード）
ⓒ 3864（ベージュ）
ⓓ 3862（ブラウン）

How to knit

材料

ジェミーソンズ シェットランド
スピンドリフト

ⓐ・ⓓ 720 Dewdrop　10g
ⓑ 259 Leprechaun　8g
ⓒ 337 Oatmeal　少々
ⓔ 104 Natural White　35g

ゲージ

33目×34段（1～2号棒針・10cm角）

編み方のポイント

◎ⓑ色で編む林の部分は、往復編みの場合は縦糸渡しの編み込み（→P.127）の方法で編み、輪に編む場合は毎段その部分にきたら糸をつけ、編み終わったら切ります。
◎動物部分はⓔ色で編んでおき、最後にメリヤス刺繍（→P.118）をします。
◎1模様で横26×縦35cm程度になります。

※チャートはP.98参照

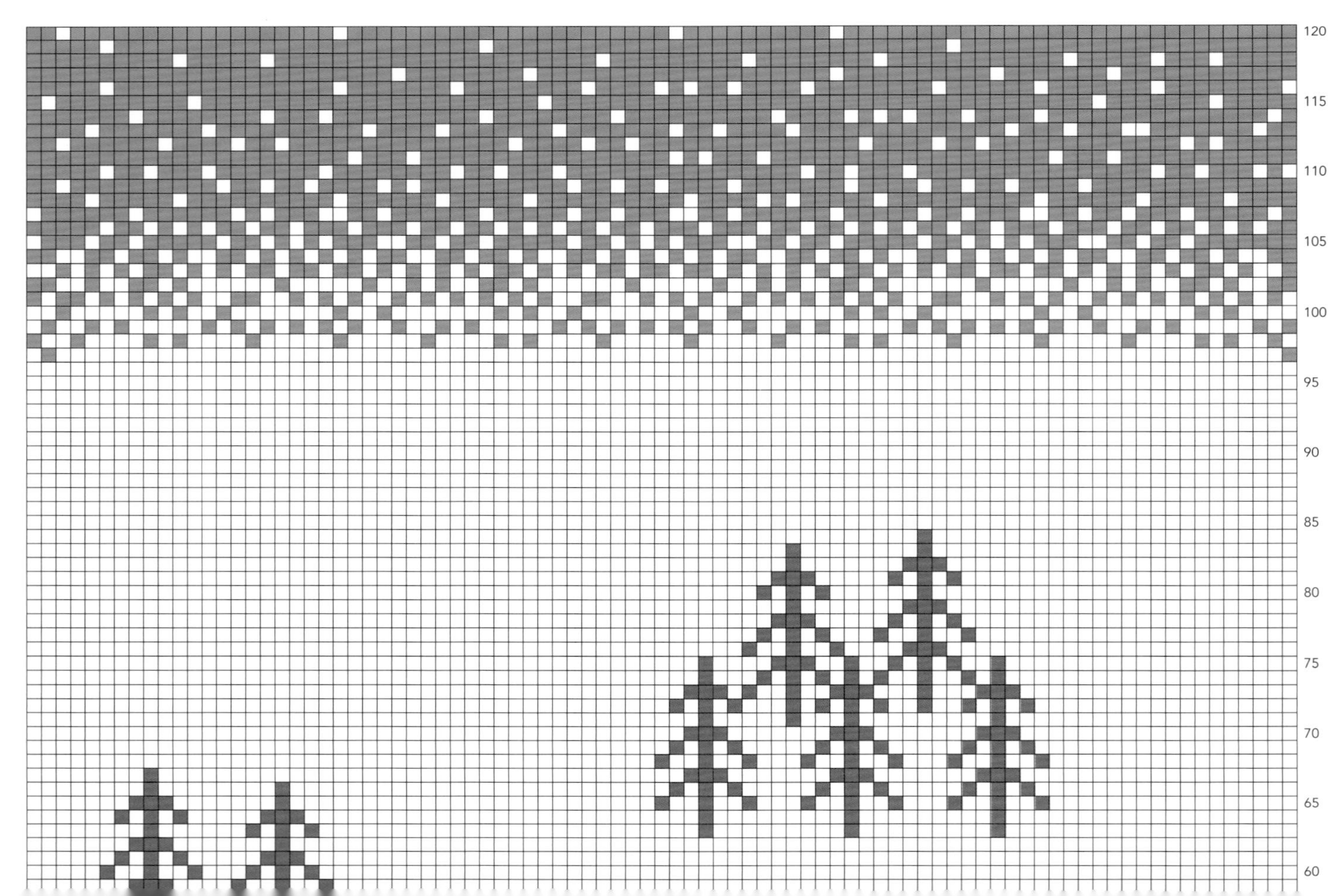
120
115
110
105
100
95
90
85
80
75
70
65
60

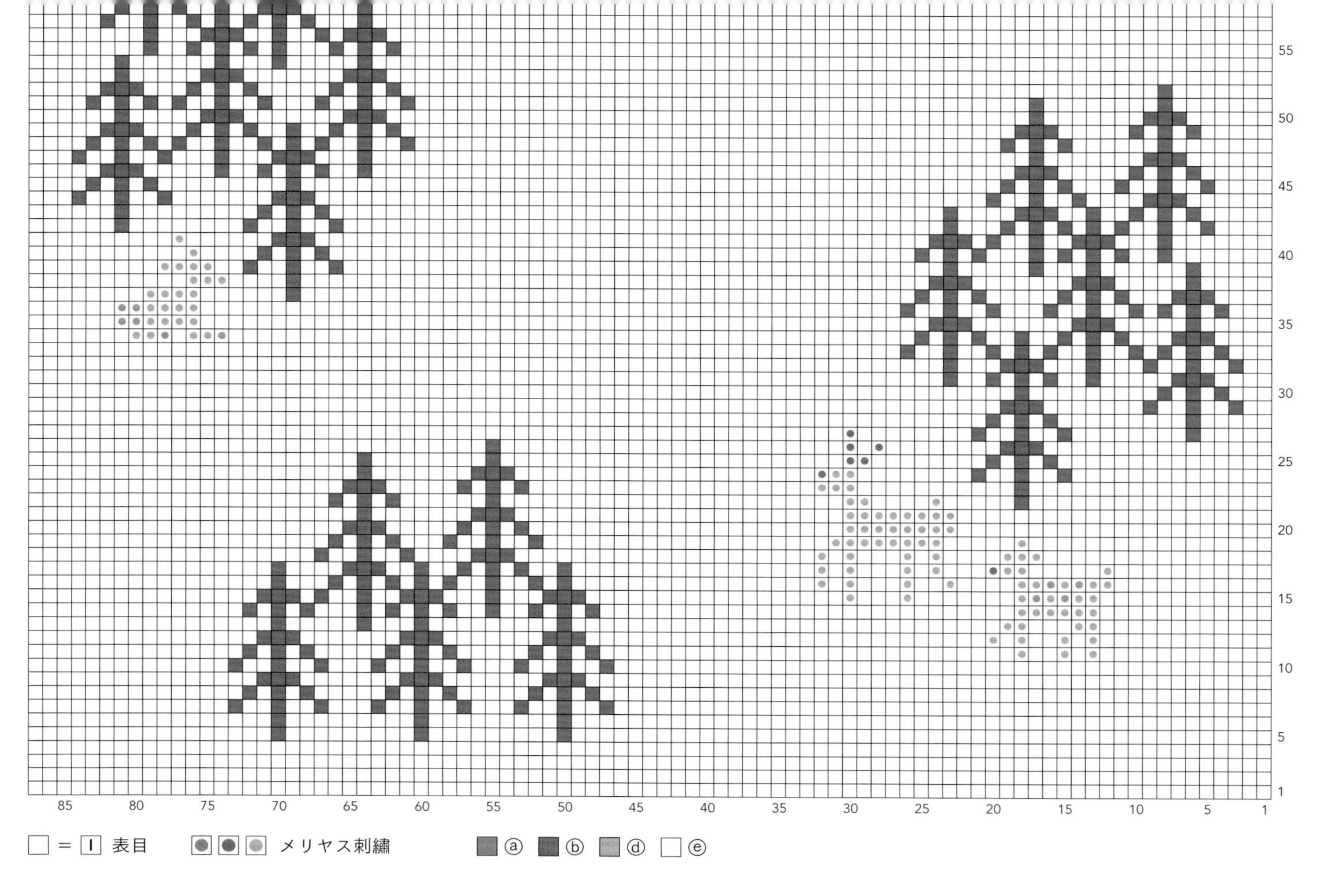

□ = I 表目
メリヤス刺繍
ⓐ ⓑ ⓓ ⓔ

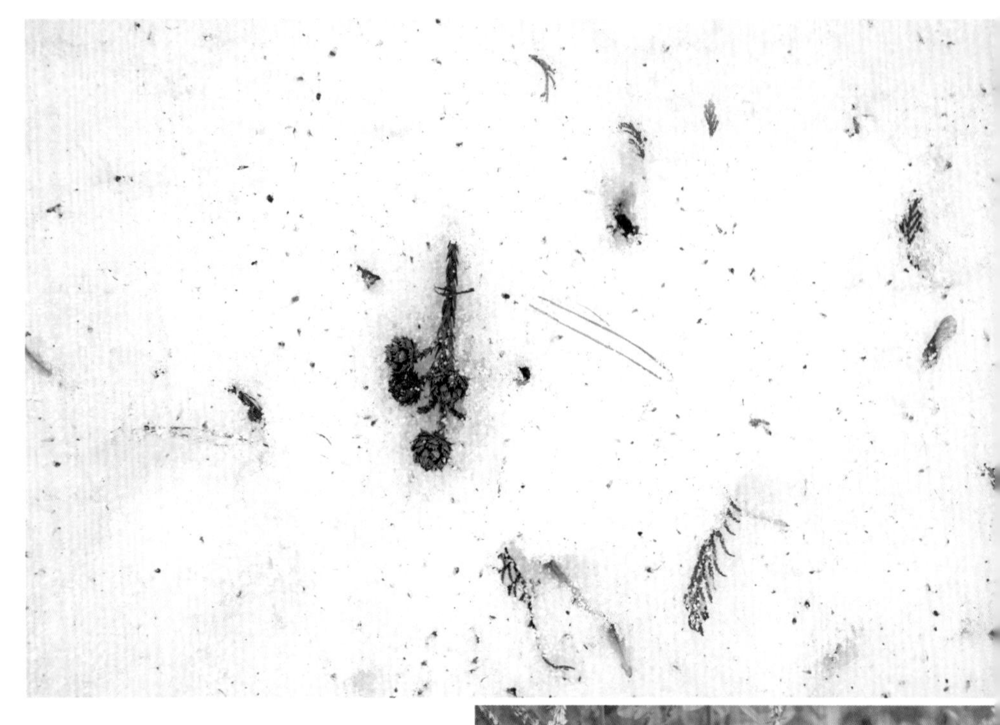

方眼でどんな模様が描けるか……日々目にする風景や記憶の情景を手がかりに、少しずつます目を埋めていきました。

Chapter 2

方眼模様のあそび方

Idea 01：折って使う①
フラットポーチ

短辺側を上にして半分に折り、ファスナーをつけたポーチです。半分から下は模様の向きが逆になるので、天地の方向性のない模様が向いています。

材料

[表布] 模様布（刺繍またはニット）17 × 23cm
[内布] 好みの布　17 × 23cm
[その他の材料]

- 接着芯　17 × 23cm
- ファスナー　15cm を 1 本

※写真作品の模様布は刺繍、ニットとも P.18「丸と花」です。表布は好きな模様を刺繍またはニットで作り、裏面に接着芯を貼ってから 17 × 23cm にカットします。

製図

作り方

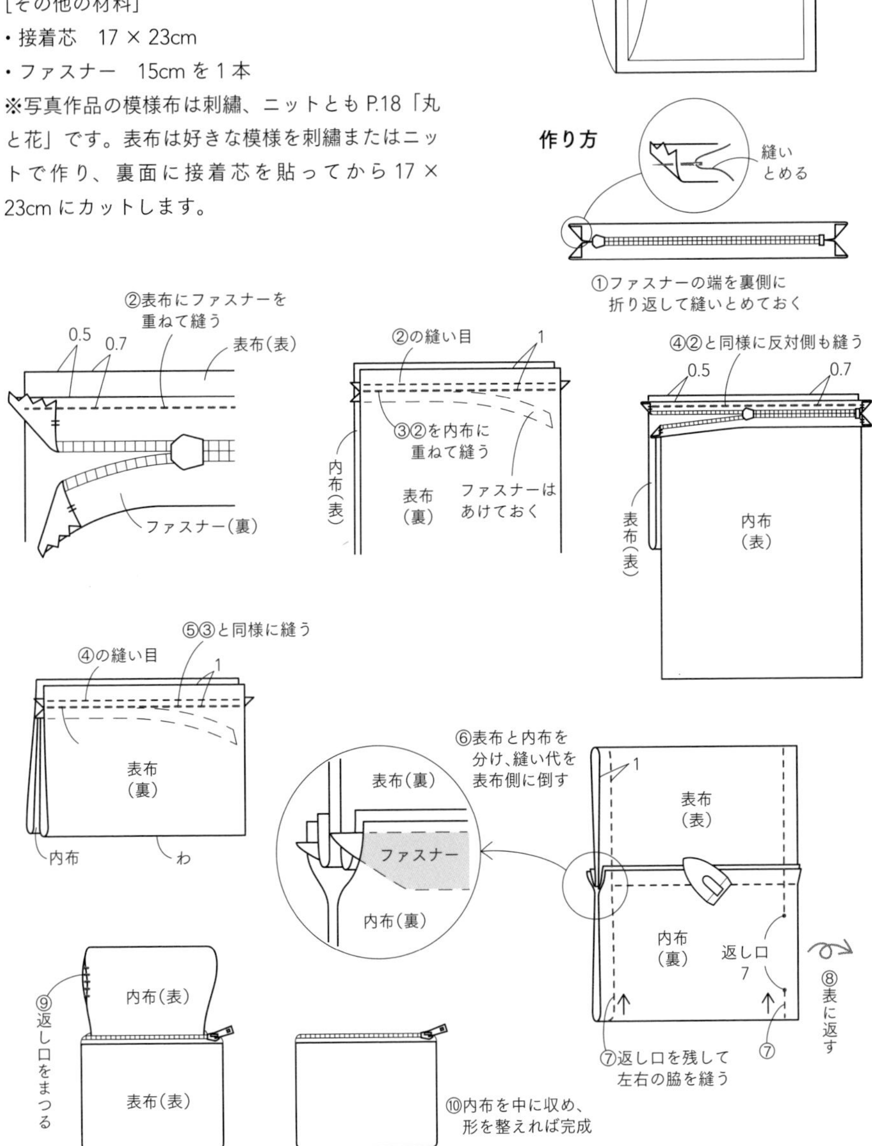

Idea 02：折って使う②

ニードルケース

長辺側を上にしてぱたんと半分に折るブック型ケース。横向きにして使うので、左右の方向性のない模様が向いています。／作り方→ P.106

Idea 03 : そのまま使う サコッシュ

A5サイズの模様布を縦にそのまま使います。天地の方向性がある模様はとくにこの使い方がおすすめです。／作り方→ P.108

ニードルケースの作り方

材料

[表布] 模様布（刺繍またはニット）17 × 23cm
[内布] 好みの布　23 × 17cm
[その他の材料]
・接着芯　17 × 23cm
・フェルト　6 × 9.5cm を 2 枚
・好みのひも　50cm を 1 本
※ P.104 写真作品の模様布は、上が P.22「花タイル」の刺繍バージョン、下が P.36「格子」のニットバージョンです。表布は好きな模様を刺繍またはニットで作り、裏面に接着芯を貼ってから 17 × 23cm にカットします。

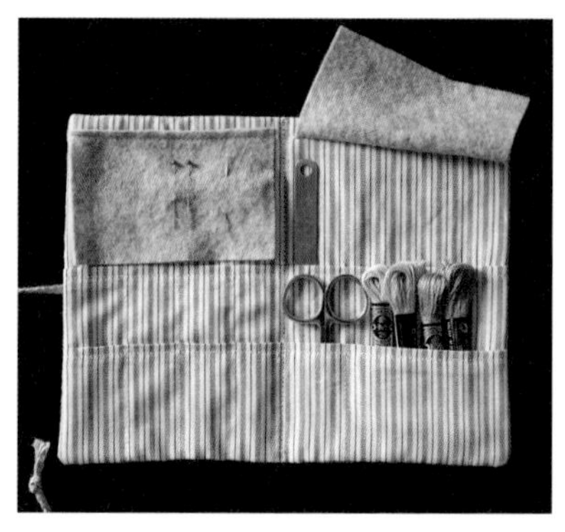

ケースをあけるとこんなふう。ポケットにはステッチで仕切りをつけ、上部にはポケットのふたと針刺しを兼ねたフェルトのタブをつけます。

製図

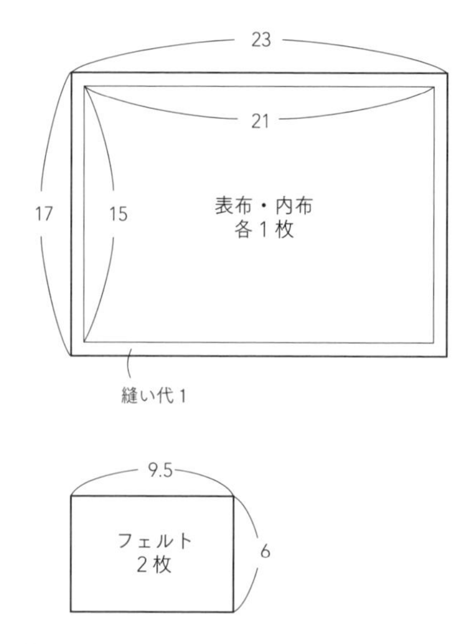

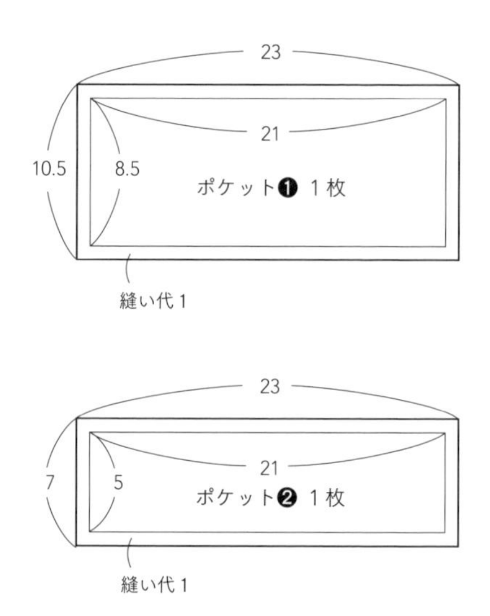

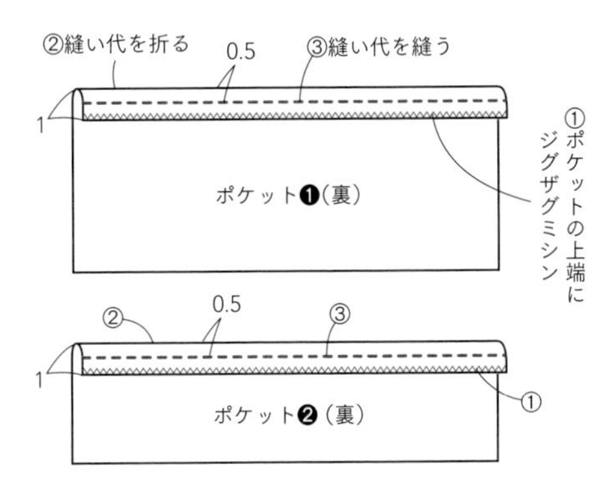
②縫い代を折る
0.5
③縫い代を縫う
1
①ポケットの上端にジグザグミシン
ポケット❶(裏)
②
0.5
③
1
①
ポケット❷(裏)

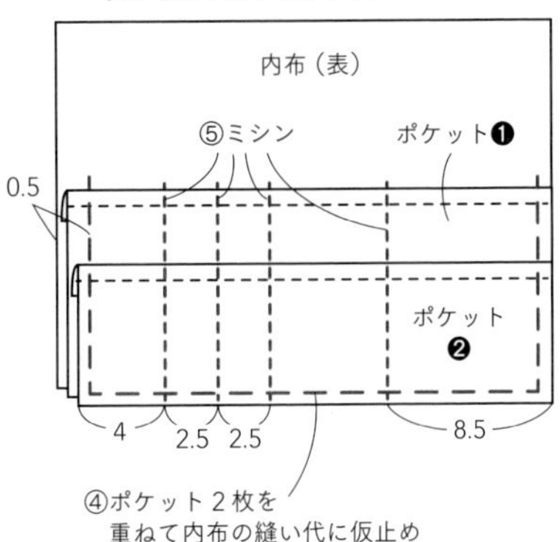
⑤ポケットの仕切り位置を縫う
※仕切り位置は入れたいものに合わせて
決めるのがおすすめです。
内布(表)
⑤ミシン
ポケット❶
0.5
ポケット
❷
4
2.5
2.5
8.5
④ポケット2枚を
重ねて内布の縫い代に仮止め

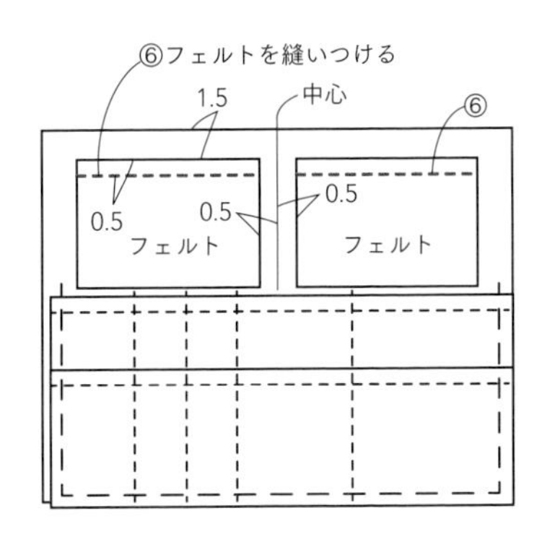
⑥フェルトを縫いつける
1.5
中心
⑥
0.5
0.5
0.5
フェルト
フェルト

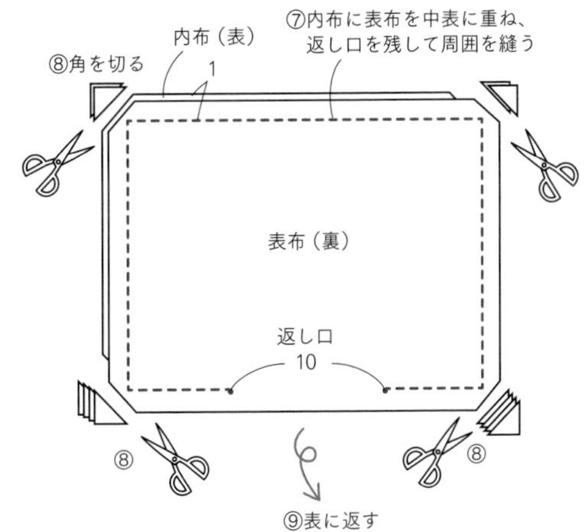
⑦内布に表布を中表に重ね、
返し口を残して周囲を縫う
内布(表)
⑧角を切る
1
表布(裏)
返し口
10
⑧
⑧
⑨表に返す

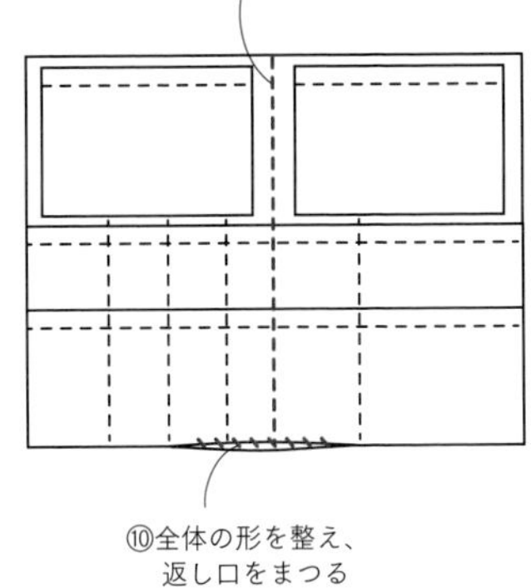
⑪内布側から中心を縫う
※上糸を内布、下糸を表布に
合わせた色にすると、
どちらの面も縫い目が目立ちません
⑩全体の形を整え、
返し口をまつる

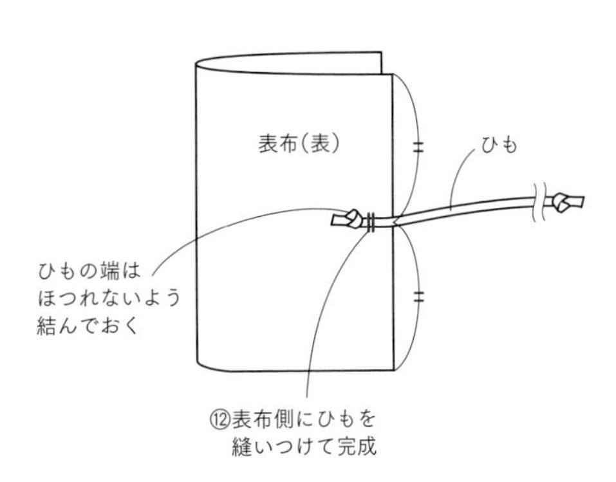
表布(表)
ひも
ひもの端は
ほつれないよう
結んでおく
⑫表布側にひもを
縫いつけて完成

サコッシュの作り方

材料

[表布]
前面・模様布（刺繍またはニット）17 × 23cm
背面・好みの布（帆布など厚手の布）17 × 23cm
[内布] 好みの布　17 × 44cm
[その他の材料]
・接着芯　17 × 23cm を 2 枚、3 × 4cm を 2 枚
・マグネットホック　1 組
・革テープ　幅 8mm を 120cm
※ P.105 写真作品の模様布は、左が P.70「針葉樹」の刺繍バージョン、右が P.66「花のじゅうたん」のニットバージョンです。前面の表布は好きな模様を刺繍またはニットで作り、裏面に接着芯を貼ってから 17 × 23cm にカットします。

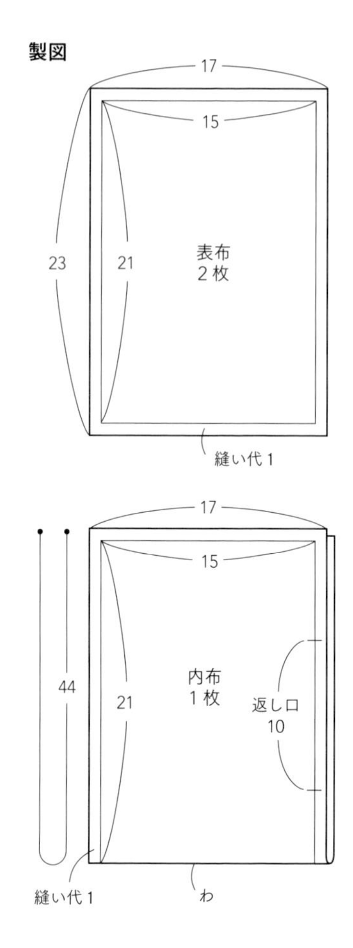

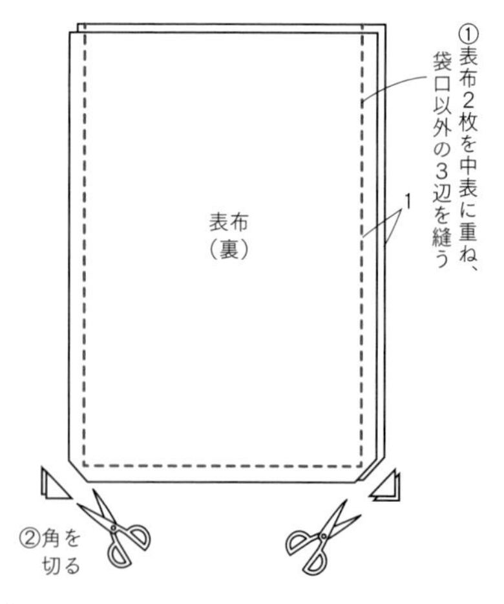

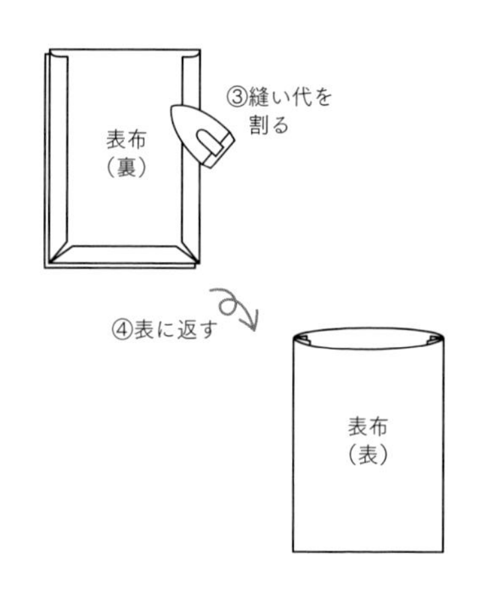

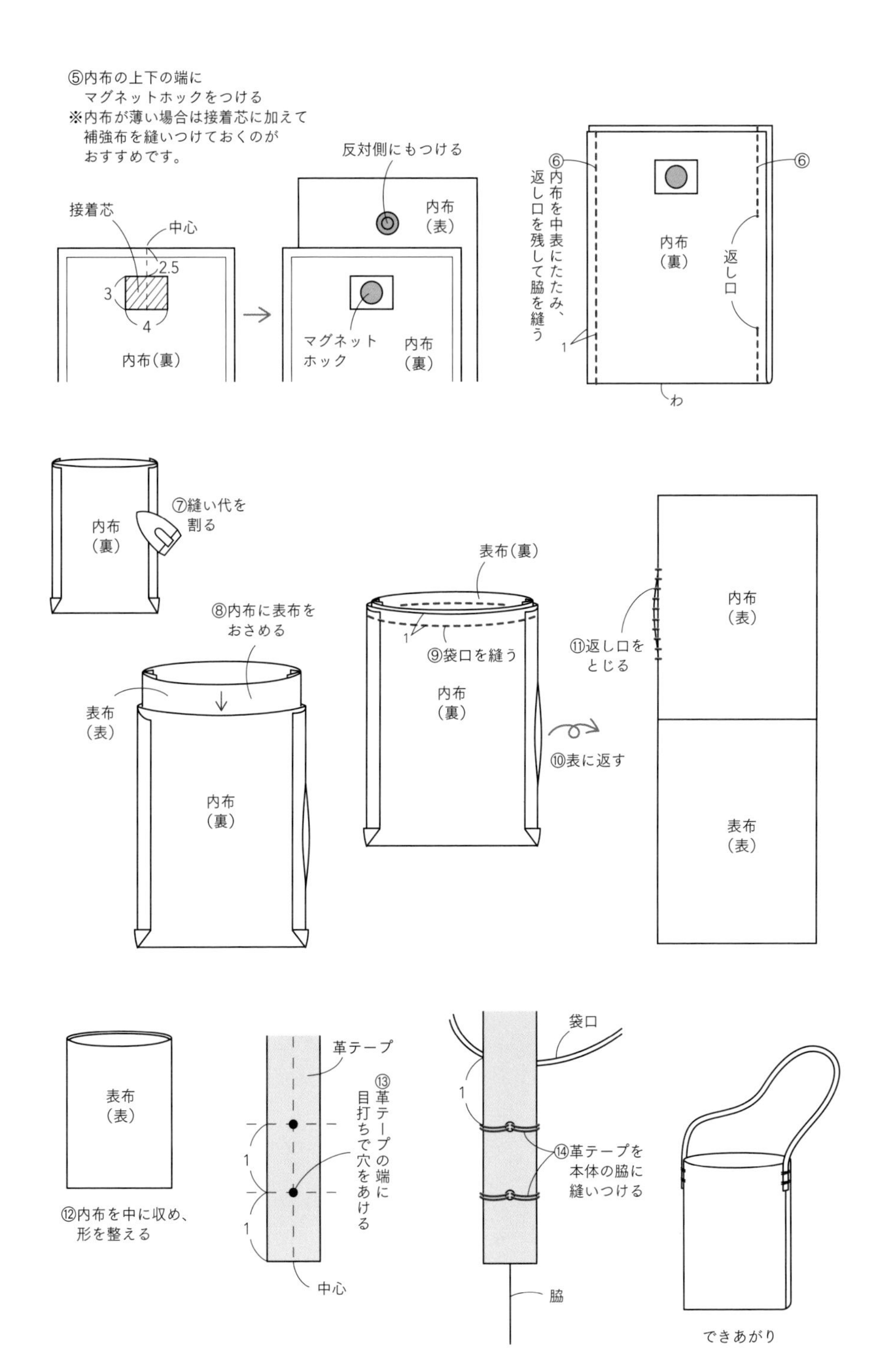
⑤内布の上下の端に
マグネットホックをつける
※内布が薄い場合は接着芯に加えて
補強布を縫いつけておくのが
おすすめです。
接着芯
中心
2.5
3
4
内布(裏)
反対側にもつける
内布
(表)
マグネット
ホック
内布
(裏)
⑥内布を中表にたたみ、
返し口を残して脇を縫う
⑥
内布
(裏)
返し口
1
わ
⑦縫い代を
割る
内布
(裏)
⑧内布に表布を
おさめる
表布
(表)
内布
(裏)
表布(裏)
1
⑨袋口を縫う
内布
(裏)
⑩表に返す
⑪返し口を
とじる
内布
(表)
表布
(表)
表布
(表)
⑫内布を中に収め、
形を整える
革テープ
⑬革テープの端に
目打ちで穴をあける
1
1
中心
袋口
1
⑭革テープを
本体の脇に
縫いつける
脇
できあがり

Idea 04：模様単位で使う①（ニット）
リストウォーマー

「輪」に編むことで模様が連続する筒が作れるのはニットならでは。横方向に模様を何回かくり返して20cm程度にすれば、リストウォーマーに。

材料と用具（1組分）

[A写真右：まるいはな→P.74]
DARUMA メリノスタイル並太
ⓐ2　ライトベージュ　15g
ⓑ4　コルク　20g
棒針　5号、3号（4本針）
[B写真左：落としもの→P.40]
ジェミーソンズシェットランド スピンドリフト
ⓐ259　Leprechaun　15g
ⓑ343　Ivory　20g
棒針　2号、1号（4本針）

ゲージ（模様編み・10cm角）

[A] 21目×24段（5号針）
[B] 31目×33段（2号針）

仕上がりサイズ

[A] 周囲20cm、長さ16.5cm
[B] 周囲21cm、長さ17cm

編み方

ⓑ糸で指でかける作り目をして（太い針を使う）、細い針に替えてねじり1目ゴム編みを輪に編む。ⓐ糸をつけて太い針に替え、模様部分を編んだらⓐ糸を切り、細い針に替えてⓑ糸でねじり1目ゴム編みを編む。最後は前段のねじり目は表目、裏目は裏目を編みながら伏せ止めする。

模様の配置

[A] 1模様を横に3回くり返し、縦はP.75「Basic Pattern」の1～25段めを編んでいます。
[B] 1模様を横に3回、縦に1回編んでいます。

前段のねじり目は表目、
裏目は裏目を編んで伏せ止め

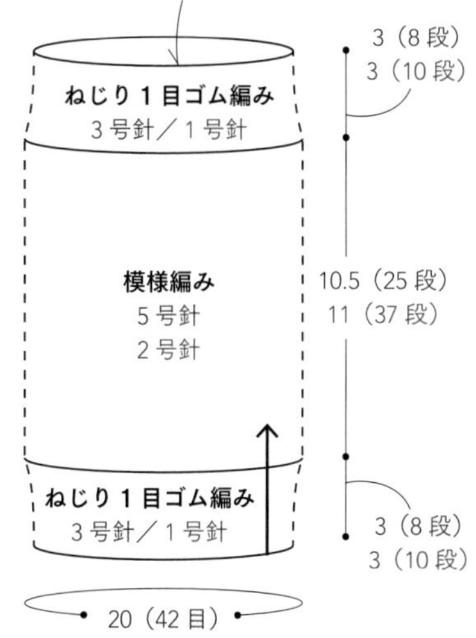

5号針／2号針で
目を作り、輪にする

※青字は［A］、
赤字は［B］の
データです。

ねじり1目ゴム編み

—	ℓ	—	ℓ	—	ℓ	—	ℓ
—	ℓ	—	ℓ	—	ℓ	—	ℓ
—	ℓ	—	ℓ	—	ℓ	—	ℓ
—	ℓ	—	ℓ	—	ℓ	—	ℓ
—	ℓ	—	ℓ	—	ℓ	—	ℓ
—	ℓ	—	ℓ	—	ℓ	—	ℓ
—	ℓ	—	ℓ	—	ℓ	—	ℓ
—	ℓ	—	ℓ	—	ℓ	—	ℓ

ℓ ねじり目
— 裏目

ねじり目の編み方

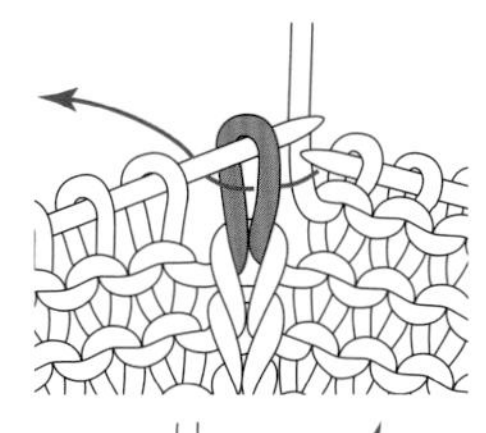

①左針の目に矢印のように右針を入れる。

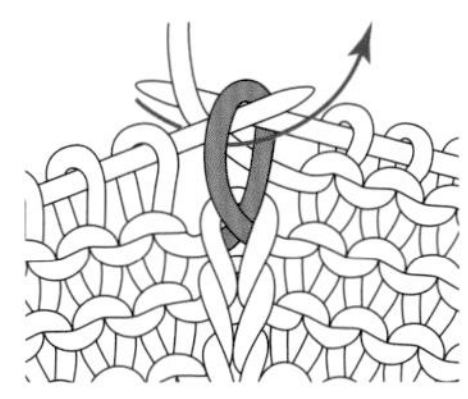

②表目を編むように右針に糸をかけ、引き出す。

Idea 05：模様単位で使う②（ニット）

ネックウォーマー

模様のくり返し回数を増やすと、さらに大きな筒も作れます。編み込み模様は地厚になる分暖かいという特徴を活かして、ネックウォーマーに。ゴム編みのスリットを肩に合わせると、襟元の隙間をカバーできる仕様にしました。

材料と用具

DARUMA メリノスタイル並太
ⓐ8　ウォーターブルー　75g
ⓑ1　生成り　30g
棒針　5号50cm輪針（または4本針）

ゲージ（模様編み・10cm角）

22.5目×27段（5号針）

仕上がりサイズ

周囲48cm、長さ40cm

編み方

すべて5号針で編む。ⓐ糸で指でかける作り目をして、2目ゴム編みを往復に編む。模様編みの1段めで輪にして、ⓑ糸をつけて模様編みを編む（「バブル」→ P.14）。ⓑ糸を切り、ⓐ糸で2目ゴム編みを編み、最後は前段と同じ目を編みながら伏せ止めする。

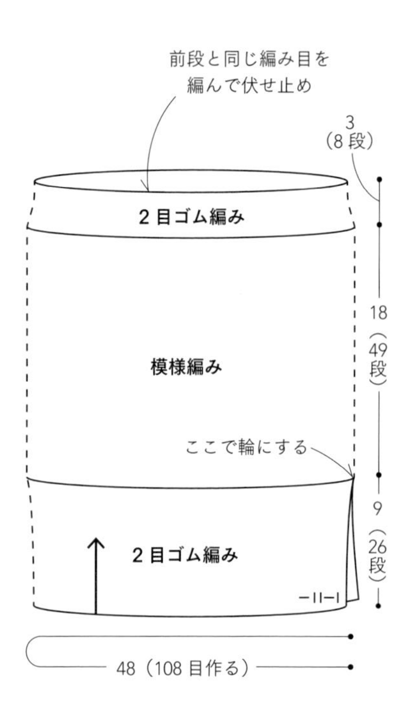

模様の配置

横は1模様を9回くり返しています。縦は1模様を3回編み、最後に1段め（ⓐ色だけの段）を加えて上下を対称にしています。

2目ゴム編み

—	—	Ｉ	Ｉ	—	—	Ｉ	Ｉ
—	—	Ｉ	Ｉ	—	—	Ｉ	Ｉ
—	—	Ｉ	Ｉ	—	—	Ｉ	Ｉ
—	—	Ｉ	Ｉ	—	—	Ｉ	Ｉ
—	—	Ｉ	Ｉ	—	—	Ｉ	Ｉ
—	—	Ｉ	Ｉ	—	—	Ｉ	Ｉ
—	—	Ｉ	Ｉ	—	—	Ｉ	Ｉ
—	—	Ｉ	Ｉ	—	—	Ｉ	Ｉ

Ｉ 表目
— 裏目

Idea 06：部分的に使う（ニット）

マフラー

細長いものの場合、端に模様を使う手も。マフラーを巻いたとき、目につく位置にお気に入りの模様があると、寒い日の外出も楽しみになりそうです。上下のない模様なら、はぎなしで一気に編めます。

材料と用具

ジェミーソンズシェットランド スピンドリフト
ⓐ・ⓓ720　Dewdrop　125g
ⓑ259　Leprechaun　16g
ⓒ337　Oatmeal　5g
ⓓ104　Natural White　40g
棒針　2号2本針

ゲージ（模様編み・10cm角）

31目×34段（2号針）

仕上がりサイズ

幅31cm、長さ149cm

編み方

2号針で往復に編む。ⓐ糸で指でかける作り目をして縁を編み、模様Ⓐ（「ゆきのはら」→ P.96）と左右の縁を編み、ⓐ糸で2段編み休ませる。ⓐ糸で作り目をして縁を編み、模様Ⓑ（→ P.116）と左右の縁を編み、模様Ⓑを模様Ⓒ（→ P.117）に替えて264段編み、休ませておいた模様Ⓐ側とメリヤスはぎ（→ P.118）。最後に指定の箇所にメリヤス刺繍（→ P.118）をする。

模様の配置

緑の内側に片方は模様Ⓐ、もう片方は模様Ⓑを1模様編み、間を模様Ⓒでつないでいます。

31（97目作る）
緑・1目ゴム編み
2（8段）
31.5（107段）
模様Ⓑ
模様Ⓒ
78（264段）
ⓐ糸でメリヤスはぎ
ⓐ糸で2段編む
（緑はかのこ編みを続け、模様部分はメリヤス編み）
35（120段）
緑・かのこ編み
模様Ⓐ
緑・かのこ編み
緑・1目ゴム編み
2（8段）
1.5（5目）
28（87目）
1.5（5目）
31（97目作る）

| 表目
ー 裏目

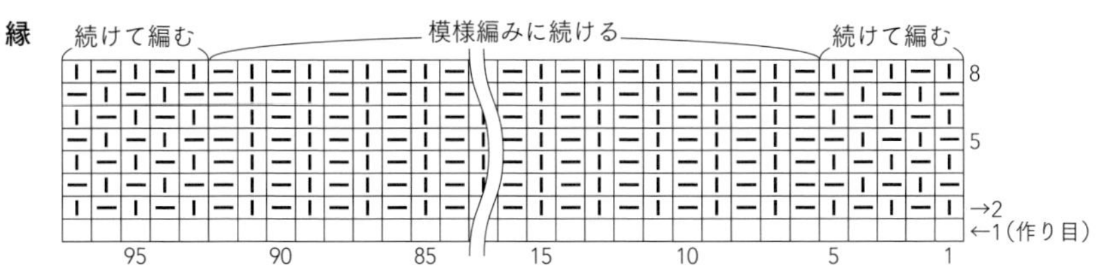

ゆきのはら　模様Ⓑ

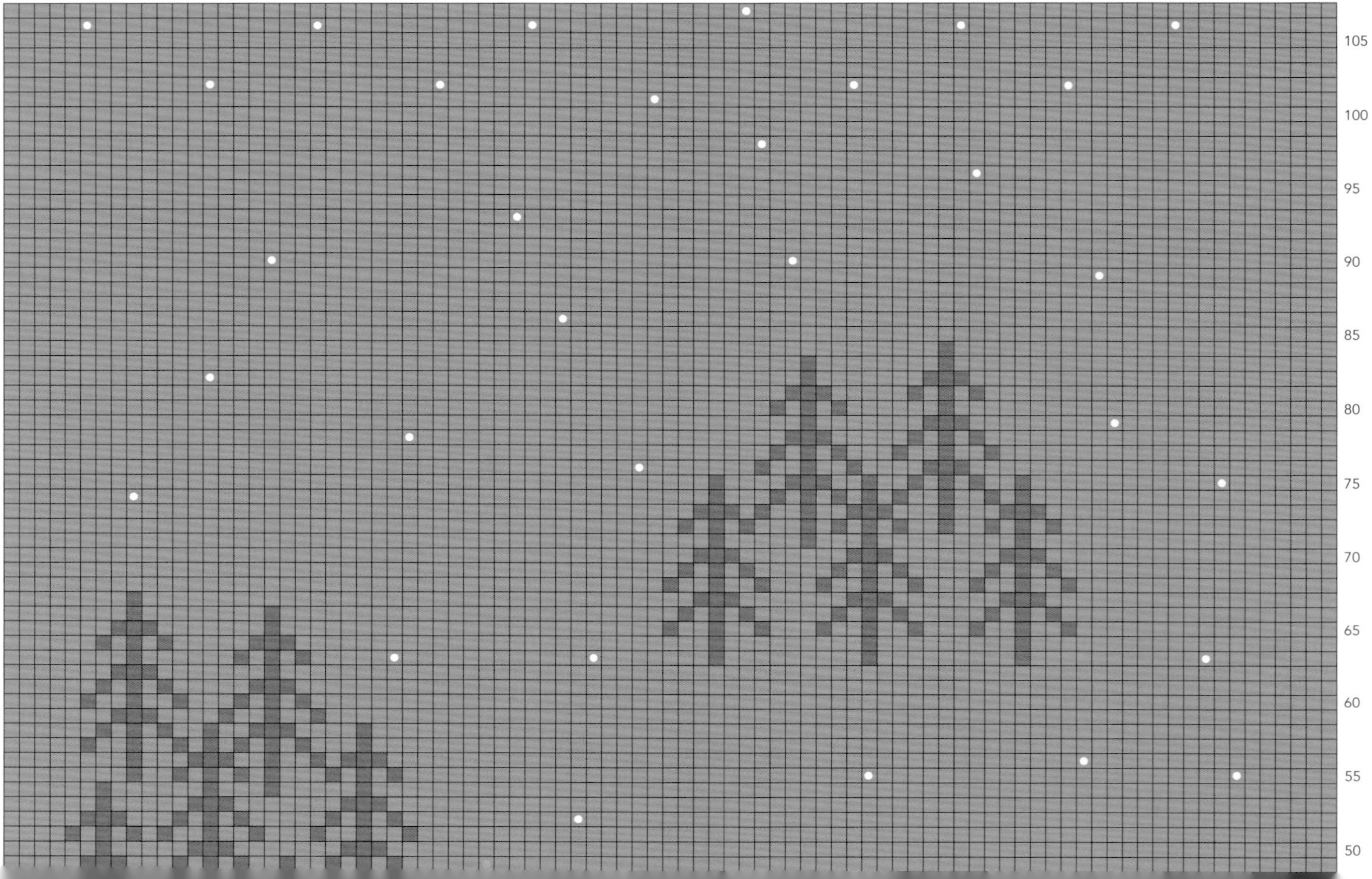

105
100
95
90
85
80
75
70
65
60
55
50

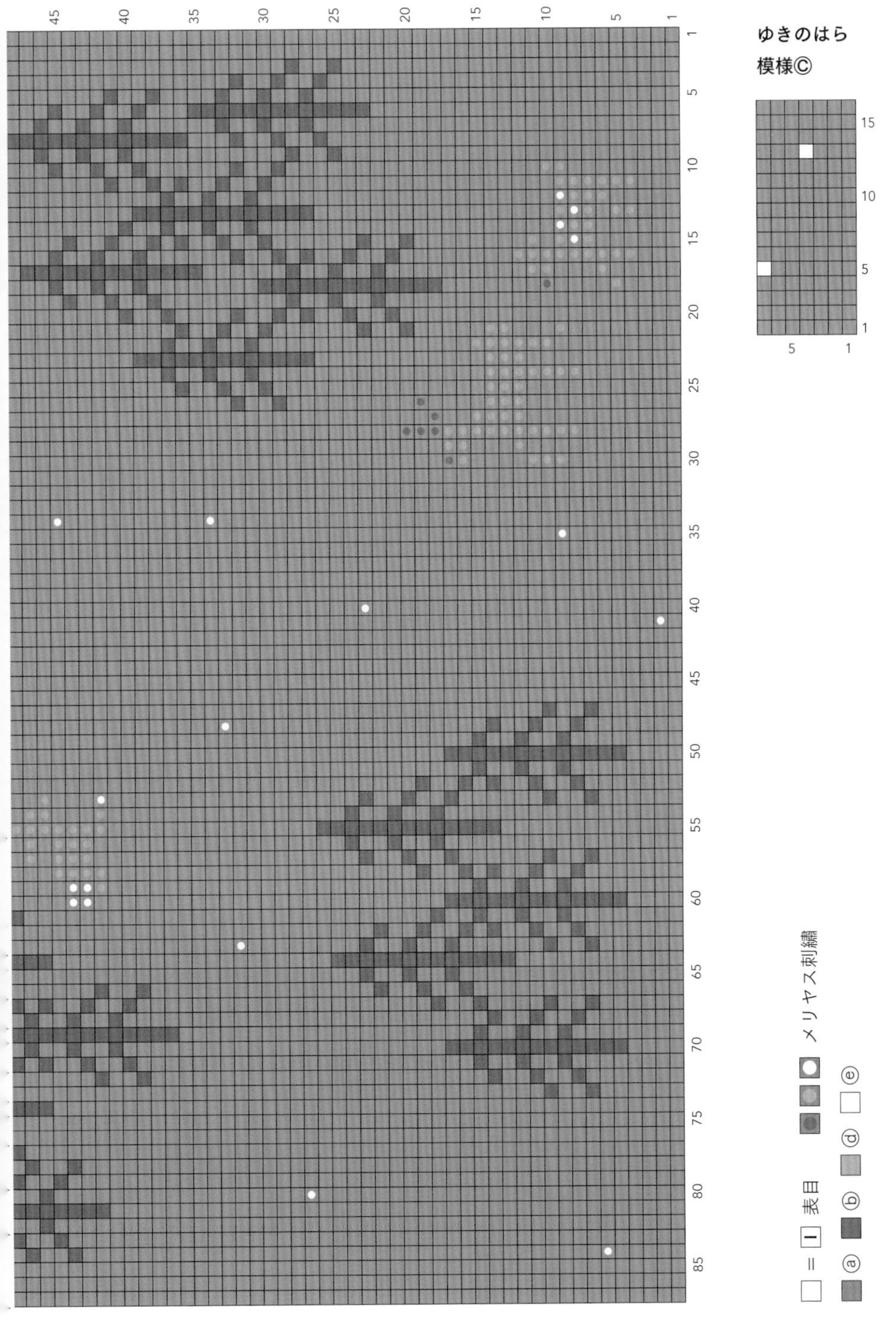
ゆきのはら
模様Ⓒ
□ = □ 表目
ⓐ ⓑ ⓓ ⓔ
メリヤス刺繍

Point technique

メリヤス刺繍

メリヤス編みの編み目の上に、とじ針を使って別の色の編み目を刺繍する技法です。
縦横に広い間隔をあけて１目別色を加えたいときに使えるほか、編み込み模様の修正にも使えます。

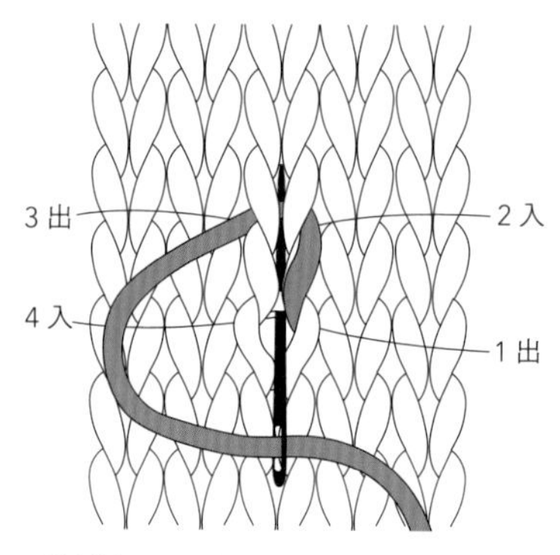

①刺繍したい編み目の下側中央で裏から表へと針を出し（1 出）、1 段上の編み目の根元に右から針を入れ（2 入）、左に出す（3 出）。最初に針を出した位置に針を入れる（4 入）。1 目だけ刺す場合は糸を切り、裏で始末する。

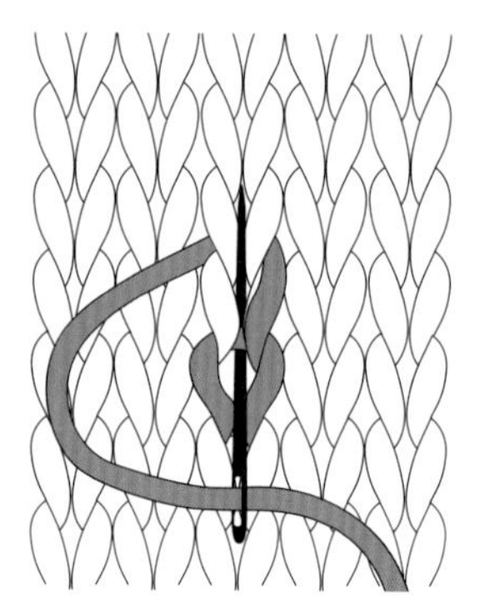

②続けて刺す場合は①の「4 入」から続けて 1 段上の目の下側中央から針を出し、これを「1 出」として①と同様に刺す。

メリヤスはぎ

メリヤス編みの編み目同士を連続する編み地のようにはぎ合わせる技法です。
両方の編み目と同じ色の糸を使えば、はぎ目はほとんどわからなくなります。

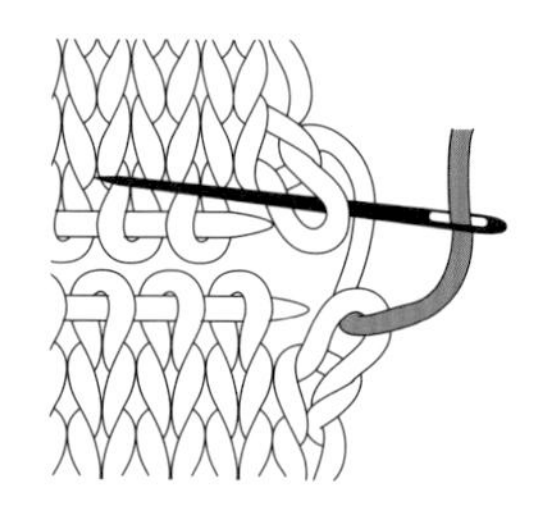

①編み終わりの糸端をはぎ幅の約 3 倍残して切る。はぐ編み地 2 枚の編み目を突き合わせ、糸端を通したとじ針を手前の編み地の 1 目めに後ろから、向こう側の編み地の 1 目めにも後ろから通す。とじ針を通しながら編み目を棒針からはずす。

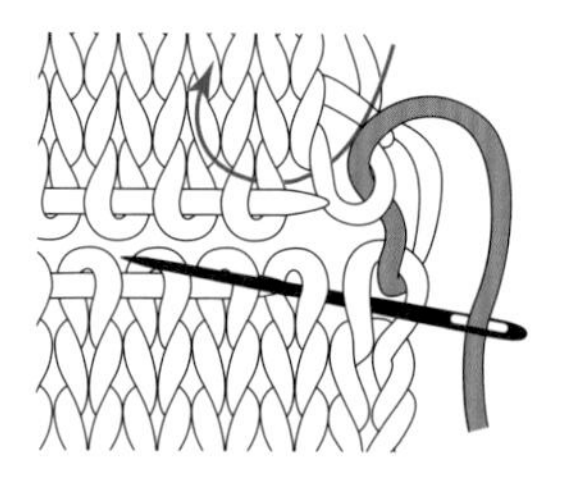

②手前の編み地の 1 目めに前からとじ針を通し、2 目めに後ろから通す。2 目めを棒針からはずす。続けて向こう側の編み地の 1 目めに前からとじ針を通し、2 目めに後ろからとじ針を通す。2 目めを棒針からはずす。

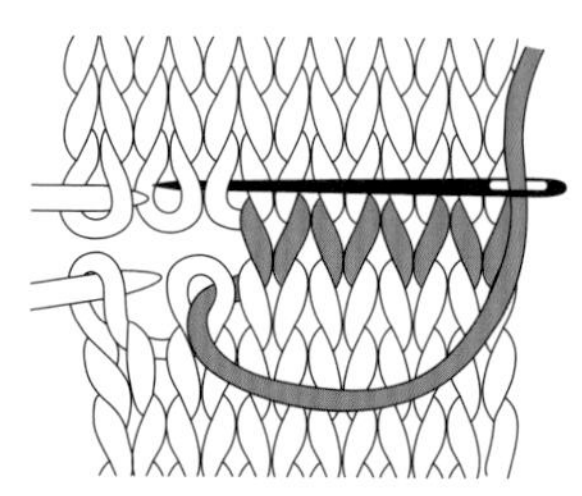

③②をくり返して端の編み目まではぐ。はぎ糸を引き締める際に、はいだ部分（図のピンクの部分）が１目分の高さになるように調整するのがきれいにはぐコツ。

Chapter 3

作り始める前に

Tools & Equipment
クロスステッチの道具と材料

①クロスステッチ針：クロスステッチが刺しやすいよう、先端が丸くなった針。いろいろな太さがあり、使用する25番糸の本数や、使用する布のカウントに合わせて使い分けます。本書の作品にはDMC クロスステッチ針のNo.24を使用しています。

②クロスステッチ用布：本書ではクロスステッチ用の「DMC アイーダ 14カウント」を使用しています（→ P.122）。

③裁ちばさみ：クロスステッチ用布の裁断に使う布用はさみ。切れ味がにぶらないよう、布専用に。

④糸切りばさみ：糸切り用の小さなはさみ。こちらも糸専用に。

⑤定規：布やステッチした面の採寸に。定規は図案に重ねて置くことで、今刺繍している位置のガイドとしても使えます。

⑥刺繍糸：本書では刺繍糸として最もベーシックな25番糸（DMC 25番糸）を使用しています。25番糸は6本の糸が撚り合わされていて、必要な本数だけ抜き出して使います。本書では3本ずつ使用しています（3本取り）。

⑦刺繍枠：布をピンと張って刺繍しやすくする枠。直径10～13cm程度のものが汎用性が高くおすすめです。

棒針編みの道具と材料

①糸切りばさみ：細い毛糸なら手で切ることもできますが、糸端始末などには、はさみのほうが便利。糸専用のものを用意しましょう。
②とじ針：糸端の始末や、編み地の端をとじたりはいだりする際に使用します。本書ではメリヤス刺繍にも使用しています。太さにバリエーションがあり、使用する糸の太さに合わせて選びます。
③定規：編み地の採寸に加え、チャートに重ねてガイドとしても使えます。ガイドにする際は、下の段との模様のつながりを確認するため、今編んでいる段の上に置きましょう。
④⑤棒針：号数は使用する糸に合わせて選びます。本書ではスピンドリフトには1～2号、メリノスタイル並太には7～8号を使用しています。輪に編む場合は両端がとがった「両先針」(④／4本または5本針）が必要です（輪針でも可)。往復に編む場合は両先針、またはストッパーつきの2本針(⑤）を用意しましょう。
⑥⑦毛糸：本書では、細かな編み目で繊細に見せたい模様には中細の「ジェミーソンズシェットランド　スピンドリフト」(⑥)、ざっくりおおらかに見せたい模様には並太の「DARUMA メリノスタイル並太」(⑦）を使用しています。

Basic technique

クロスステッチの基本

クロスステッチ用の布

クロスステッチは、図案を布に写さず布の織り目（布目）を数えながら刺すタイプの刺繍です。そのため、布目を数えやすい布が向いています。

とくに縦・横の比率をそろえ、等間隔に隙間をあけて織られているクロスステッチ用の布は、目数が数えやすく、初心者にもきれいな正方形のステッチを刺すことができます。そこで本書では、クロスステッチ用の布、なかでも入手しやすい「DMC アイーダ」の14カウントを使用しています。

“カウント”というのは、1インチ（2.54cm）の目数を表す単位で、数字が小さいほど布目が粗く、大きいほど布目が細かくなります。同じ図案でも、布目の粗い布に刺すと大きく、布目の細かい布に刺すと小さくなり、仕上がりサイズが違ってきます。おもなバリエーションは、11カウント（1インチに11目・10cmに40目）、14カウント（1インチに14目・10cmに55目）、18カウント（1インチに18目・10cmに70目）など。本書では14カウントを使用し、25番糸3本取りで刺しています。右上の写真が実寸です。

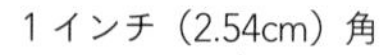

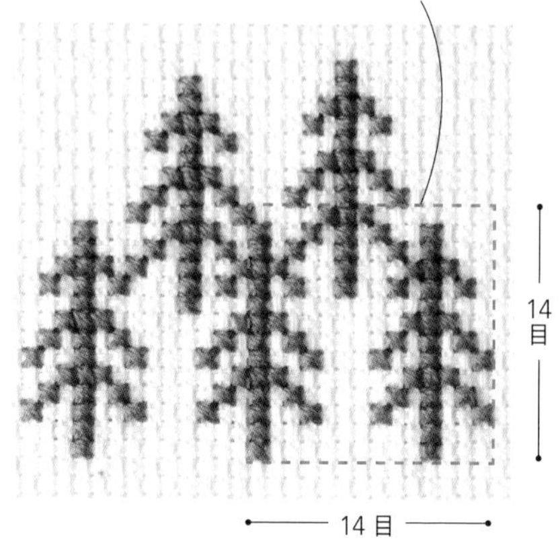

刺し方のコツと仕上げのひと手間

クロスステッチの基本的な刺し方は右ページの通り。どの方法（方向）で刺し進めるかは図案や刺しやすさで決めていきます。

きれいに刺すコツのひとつは、刺繍枠を使うこと。布をピンと張った状態で刺すことで、布がよれず、ステッチを均等に刺しやすくなります。何より作業がラク。

ただ、刺繍枠を使用すると、どうしても布に枠の跡が残ります。そこで威力を発揮するのが、仕上げの水通しとアイロンがけです。具体的な手順は次の通り。

①作品が入るサイズの洗面器などに水をはり、作品をひたしてしっかり水を含ませる。
②タオルにはさんで水分をとる。
③平らな状態で陰干しする。
④生乾きの状態でアイロン台の上にタオルを置き、その上に表を下にした作品を置き、あて布をして作品の裏からスチームアイロンをかけてシワや刺繍枠の跡を消す。

④でアイロンをかける際、あて布は必須ではありませんが、使用すると裏に渡った糸にアイロンを引っかけてしまうトラブルを回避できます。また、ステッチ部分は水分を多く含んでいるため乾きづらいのですが、アイロンをかけすぎると焦げてしまう恐れもあるので、“乾かす”よりも“シワと跡をとる”ことに重点をおき、ある程度シワや跡がとれたらあとは自然乾燥するのがおすすめです。

クロスステッチの刺し方

一列ずつまとめて刺す

横や縦に長く連続する目を刺していく方法。行きは「／」を続けて刺し、戻りで「＼」を刺します。
面にする場合、最後の「入」の次に横方向は上、縦方向は左の「1出」の位置から針を出して続けます。

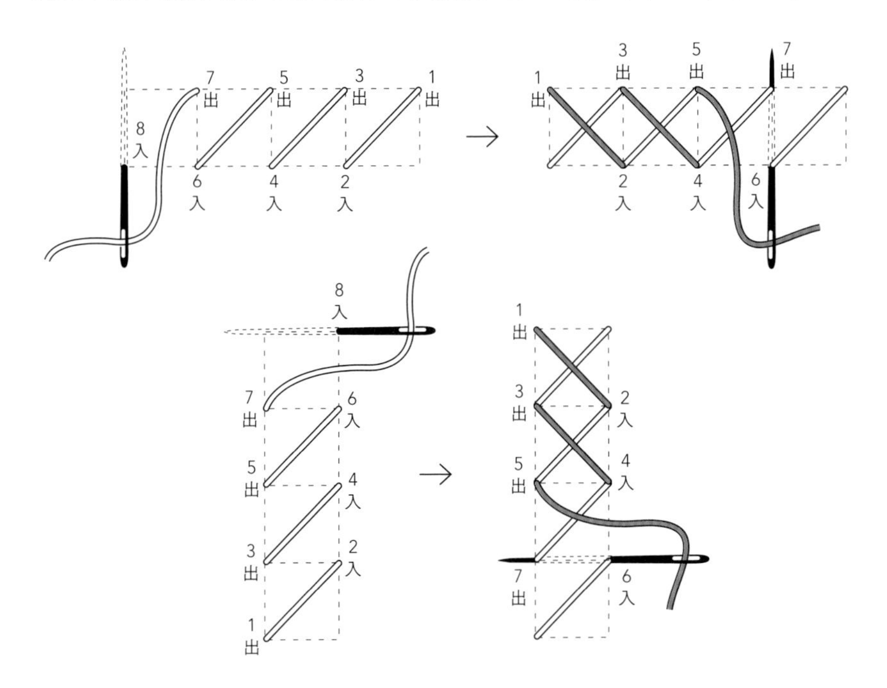

1目ずつ刺す

ななめに続いたり、飛んだりしている目は1目ずつ「×」を刺していきます。
この場合も、最初に「／」、次に「＼」を刺します。

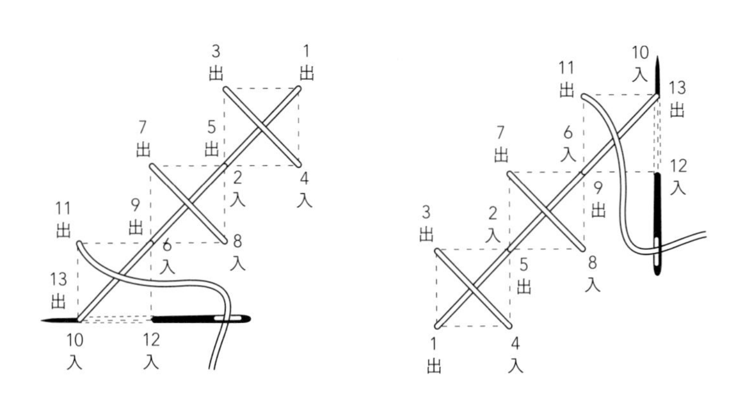

Basic technique

棒針の編み込みの基本

糸の持ち方と重ね方

棒針編みで1段を複数の色で編む場合、同時に2本の糸を持つ必要があります。両手に1本ずつ持つ、左手に2本持つなどの方法があり（→ P.125 ～ 126）、編みやすい方法でかまいません。本書では1段に3色使う模様も登場しますが、その場合は左手に2本、右手に1本の混合スタイルがおすすめです。

きれいに編むために大切なのは、最初から最後まで「糸の上下を変えない」こと。2本の糸で編む場合、裏面で下になる糸で編んだ目は、上になる糸で編んだ目より少し大きくなり、完成した編み地でも目立ちます。そのため、途中で糸の上下を変えると模様の見た目も変わってしまいます。糸の重なり方は持ち方により決まるので、最初から最後まで、糸の持ち方は変えないようにしましょう。

編み込みに使用する糸は一般的に、ベースになる色の糸を「地糸」、アクセントになる色の糸を「配色糸」と呼びますが、どちらを上にするか（どう持つか）は、どちらの色を目立たせたいかにより決めます。

「渡り糸」が長くなる場合

「渡り糸」とは、裏側に渡る編んでいないほうの糸のこと。同色で編む編み目の間隔が広いと、渡り糸が長くなります。渡り糸が長すぎると編み目が不格好になったり、完成後、使用する際にひっかかったりというトラブルのもとに。長すぎる渡り糸はからめておくのがおすすめです（→ P.126）。からめるかどうかの基準は編み方や好みにもよりますが、「長さ 2cm 以上」を目安にしてみてください。

ひとつ気をつけたいのは、間隔の広い場所が何段か連続する場合、からめる位置を毎段ずらすこと。同じ位置でからめると、その部分がつれて表に影響してしまうためです。

往復に編むか、輪に編むか

棒針編みの編み方には1段ごとに編み地を裏返して編む「往復編み」と表だけを見て筒状に編む「輪編み」があり、編み込み模様もどちらの方法でも編むことができます。

ただ、より一般的なのは表だけを見て編めるので模様を把握しやすく、表目だけで編める点でもラクな「輪編み」のほう。最終的に平らにしたい編み地でも、端に2色で交互に編む6目程度を切り代（スティーク）として加えて輪に編み、最後に切り代の真ん中から切り開く手もあります。とくに本書で使用している「ジェミーソンズシェットランド」の糸は繊維がからみやすい特徴があるため、切り開く処理に向いています。

仕上げの始末

スチームアイロンをあてる方法と、水通しする方法があります。どちらでもよいのですが、詰まった編み地を整えたい場合はより強力な水通しがおすすめです。方法は次の通り。

①作品が入る大きさの洗面器などにぬるま湯（ぬるめのお風呂程度）をはり、作品をひたしてしっかり水分を含ませる。
②編み地を軽く縦横に伸ばして裏側の渡り糸を伸ばし、編み目と編み地を整える。
③水気を軽く絞ってからタオルにはさんでしっかり水分をとる。
④別のタオルの上に作品を広げ、仕上がり寸法に整えて周囲に細かくマチ針を打ち、その状態のまま乾かす。

横糸渡しの編み込み

両手で糸を持つ方法：左右の人差し指に糸をかけ、右が「上」、左が「下」（目立つほう）になります

表目

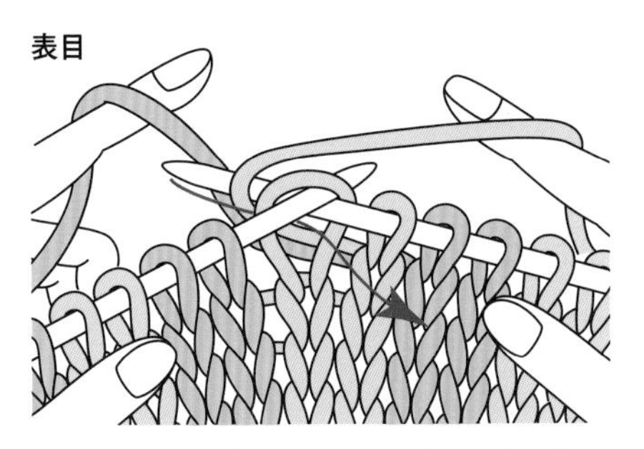

〈右手の糸で編む〉左針の目に手前から右針を入れ、右手の糸を右針に向こう側から手前へとかけて手前に引き出す。

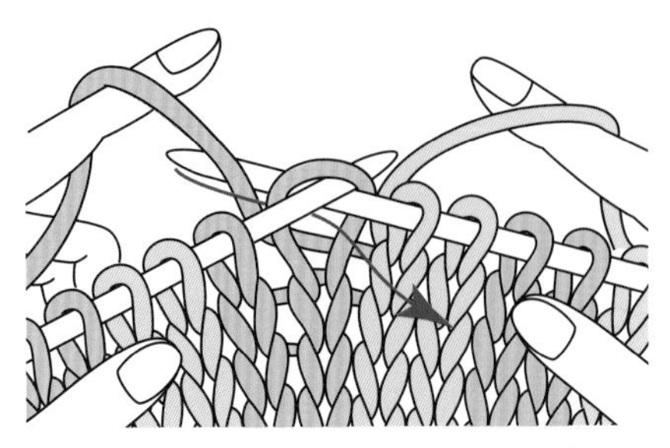

〈左手の糸で編む〉左針の目に手前から右針を入れ、左手の糸を右針で向こう側から引っかけて手前に引き出す。

裏目

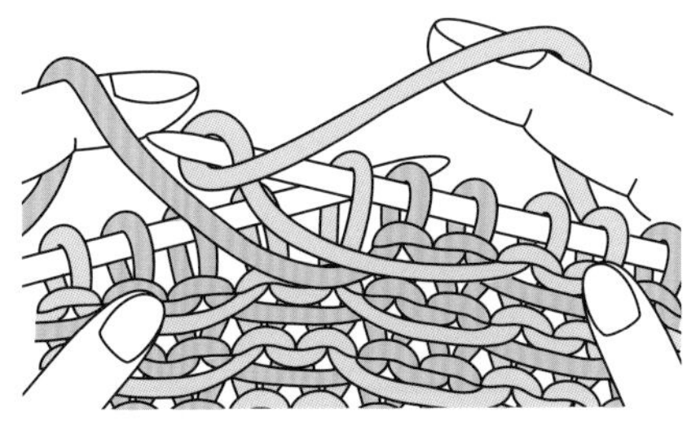

〈右手の糸で編む〉左針の目に向こう側から右針を入れ、右手の糸を右針に上から下へとかけ、向こう側に引き出す。

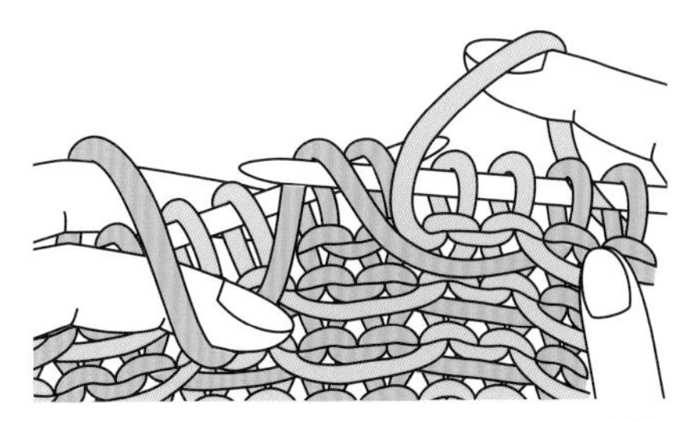

〈左手の糸で編む〉左針の目に向こう側から右針を入れ、左手の糸を右針で下側からすくい、向こう側に引き出す。

左手で糸を持つ方法：人差し指に糸２本をかけ、根元側が「上」、指先側が「下」（目立つほう）になります

表目

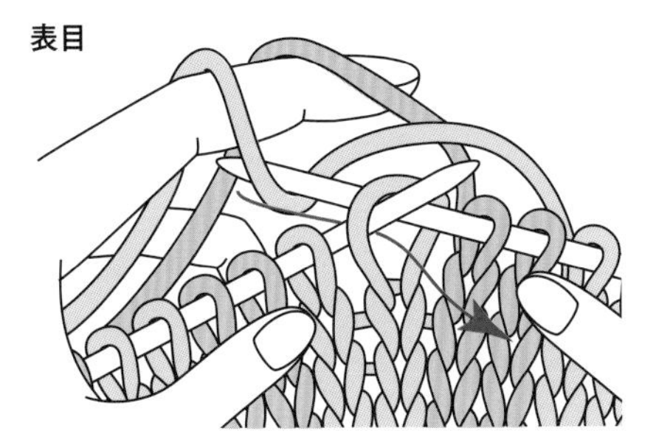

〈根元側の糸で編む〉左針の目に右針を手前から入れ、根元側の糸を右針で向こう側から引っかけ、手前に引き出す。

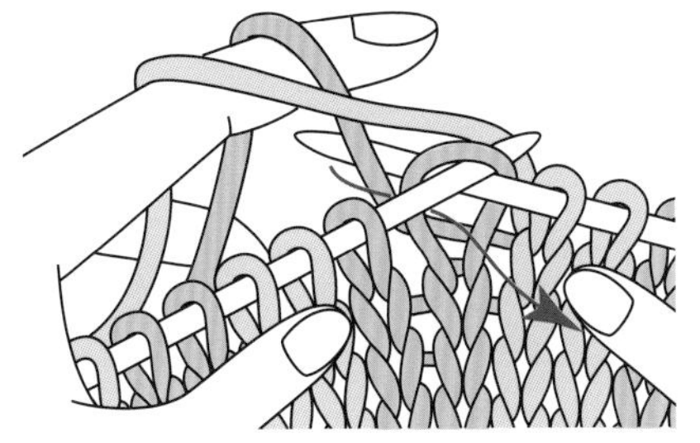

〈指先側の糸で編む〉左針の目に手前から右針を入れ、根元側の糸の下で指先側の糸を右針で向こう側から引っかけ、手前に引き出す。

裏目

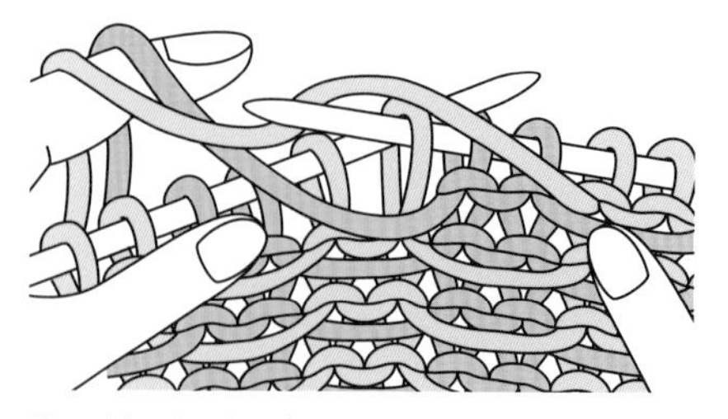

〈根元側の糸で編む〉左針の目に向こう側から右針を入れ、指先側の糸の上で、根元側の糸を右針で下からすくい、向こう側に引き出す。

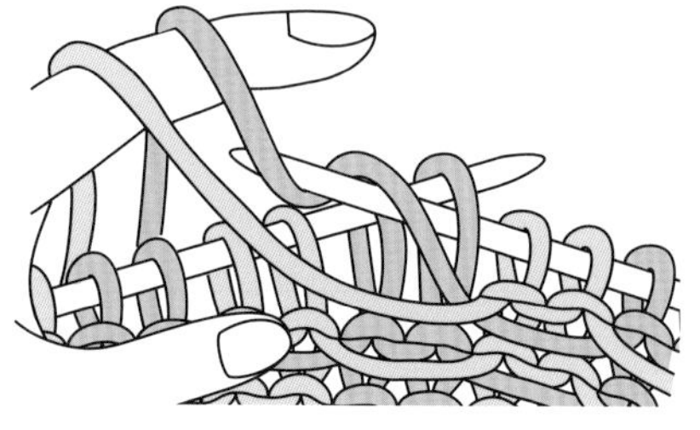

〈指先側の糸で編む〉左針の目に向こう側から右針を入れ、指先側の糸を右針で下からすくい、向こう側に引き出す。

渡り糸のからめ方

両手で糸を持つ方法：左手の糸をからめる

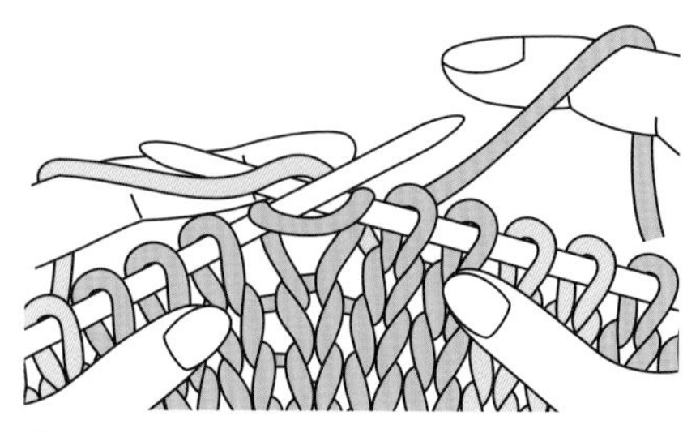

①左針の目に右針を入れ、左手の糸の下に出す。

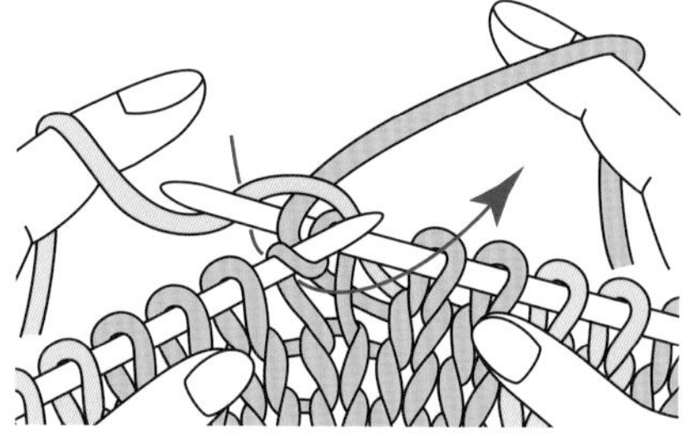

②①の状態で右針に右手の糸をかけ、左手の糸の下を通って手前に引き出す。次の目を右手の糸で普通に編むと、裏で２本の糸がからまる。

両手で糸を持つ方法：右手の糸をからめる

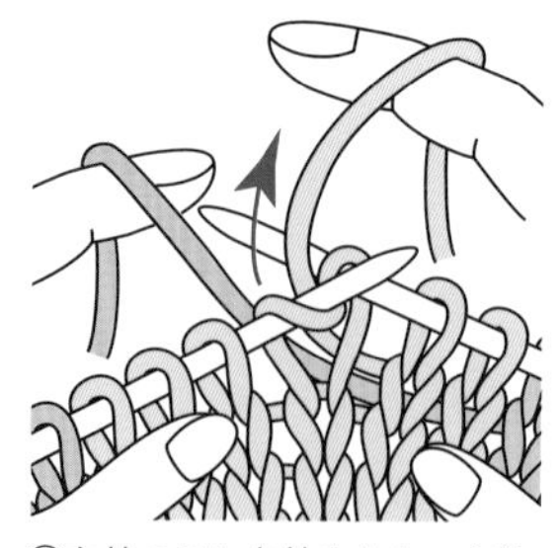

①左針の目に右針を入れ、右針に右手の糸を表目を編むときのようにかける。

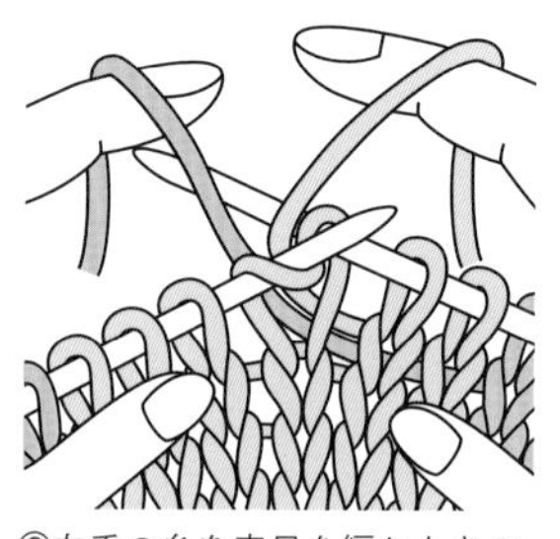

②左手の糸を表目を編むときのように右針にかける。

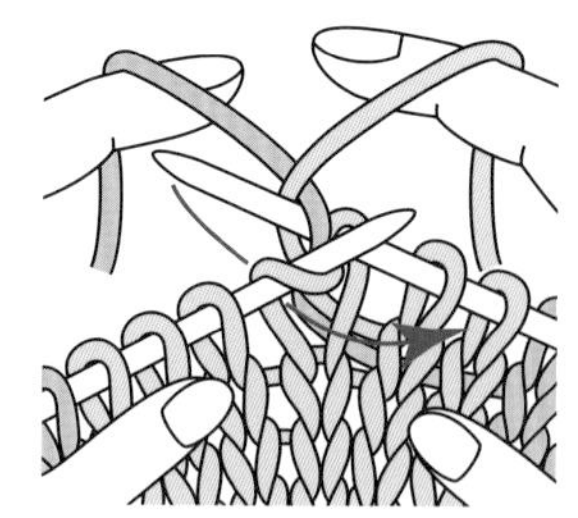

③右手の糸を元に戻し、残った左手の糸を引き出す。次の目を左手の糸で普通に編むと、裏で２本の糸がからまる。

左手で糸を持つ方法：根元側の糸をからめる

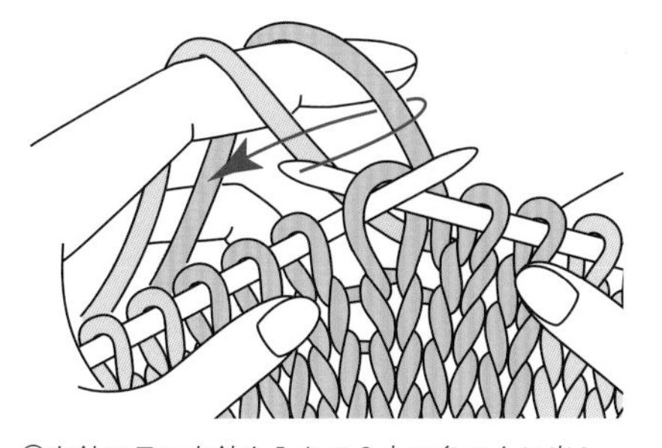

①左針の目に右針を入れて２本の糸の上に出し、矢印のように動かして指先側の糸をかける。

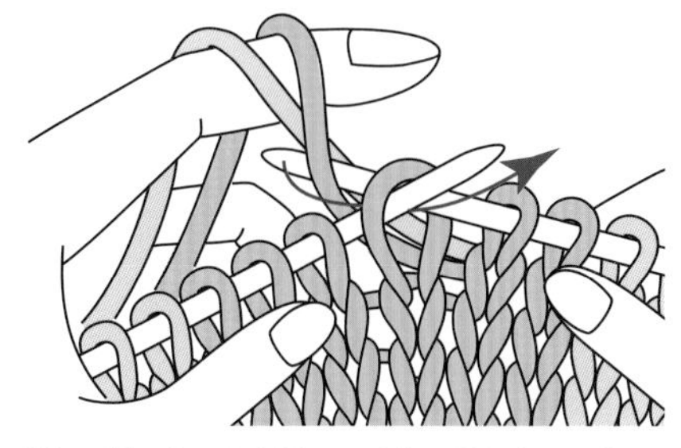

②根元側の糸の上を通って手前に引き出す。次の目を右手の糸で普通に編むと、裏で２本の糸がからまる。

左手で糸を持つ方法：指先側の糸をからめる

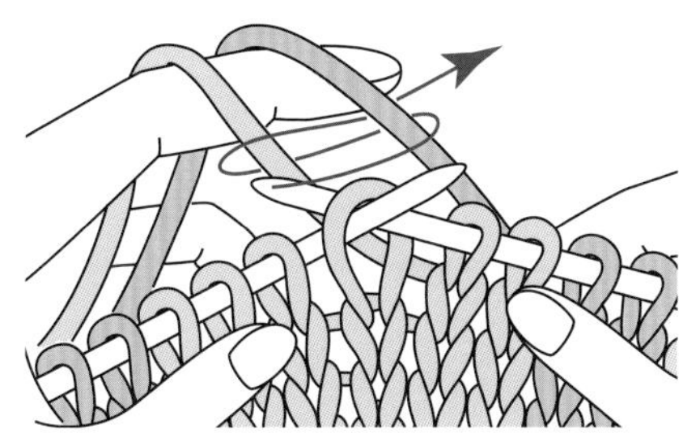

①左針の目に右針を入れて２本の糸の上に出し、矢印のように動かして指先側の糸の下で右針に根元側の糸をかける。

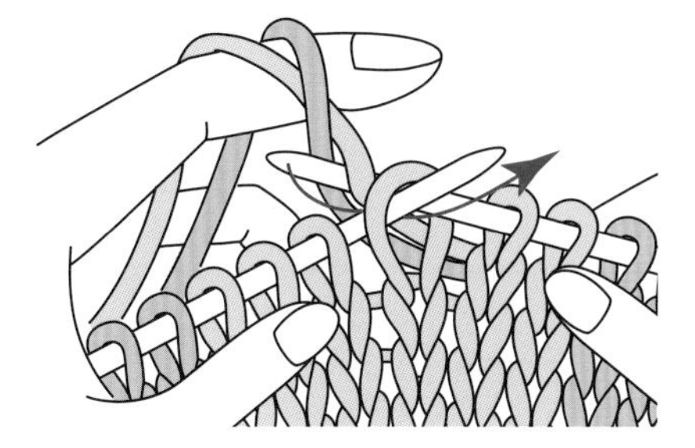

②指先側の糸の上を通って手前に引き出す。次の目を根元側の糸で普通に編むと、裏で２本の糸がからまる。

縦糸渡しの編み込み

縦のラインなど、部分的に別色を編み込む方法です。横に糸を渡さず、編まない糸は休ませるため、輪編みでは使えません。色の境目では２本の糸をからめます（からめないと穴があいてしまうため）。

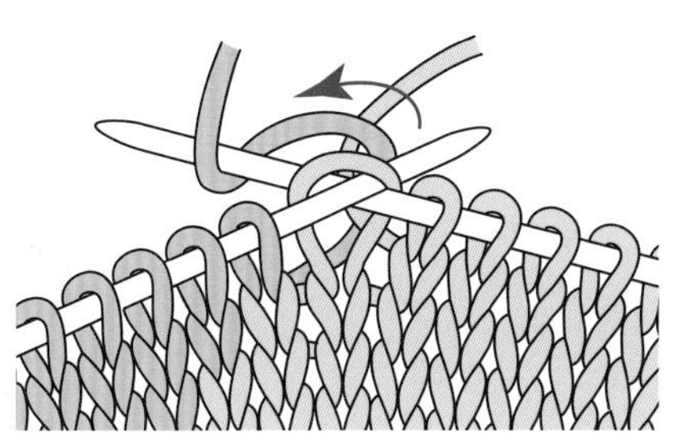

〈表目の段（表面）〉次の色になる最初の目を編む際に、次に編む色の糸を元の色の糸の下から上へと持ち上げて、最初の目を編む。

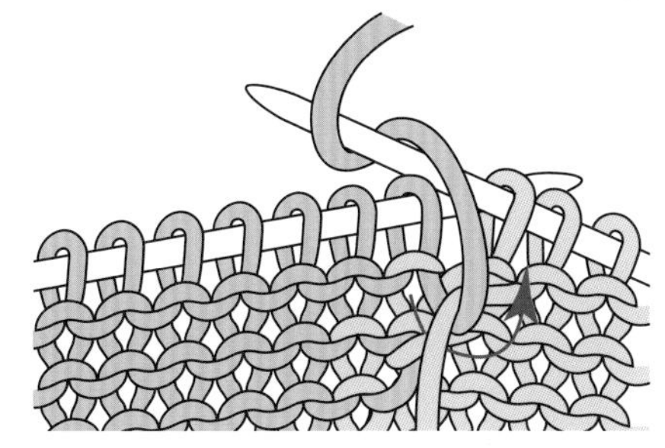

〈裏目の段（裏面）〉次の色になる最初の目を編む際に、次に編む色の糸を元の色の糸の下から上へと持ち上げて、最初の目を編む。

著者紹介
岡 理恵子／ Rieko OKa
模様作家。1981年北海道生まれ。北海道東海大学大学院芸術工学研究科卒。2008年より「点と線模様製作所」として活動をスタート。北海道を拠点に身の回りの自然や記憶の情景などを題材とする模様をデザインし、オリジナルテキスタイルを発表している。文具や雑貨、テキスタイルメーカーへのデザイン提供やコラボレーションワークも多く、活躍の場を広げている。著書に「ten to sen の模様づくり」「ten to sen の模様刺繡」（ともにグラフィック社）などがある。
www.tentosen.info

撮影　松本のりこ
制作協力　隈倉麻貴子／山城美穂子（刺繡）
一條絵美子／笹谷史子／森脇里美（ニット）
トレース　小池百合穂
編集　笠井良子（小学館 CODEX）

材料提供（五十音順）
[クロスステッチ用糸・布]
ディー・エム・シー株式会社
〒101-0035
東京都千代田区神田紺屋町13 山東ビル7F
TEL 03-5296-7831（代）
www.dmc.com

[毛糸]
ユーロ・ジャパン・トレーディング・カンパニー
72 Glebelands Close, London, UK N12 0AL
TEL +44-845-643-2205（日本時間17～24時）
IP電話 050 313 60606
www.eurojapantrading.com
※ジェミーソンズシェットランド

横田株式会社
〒541-0058
大阪市中央区南久宝寺町2-5-14
TEL 06-6251-2183（代）
www.daruma-ito.co.jp
※DARUMA

ten to senの方眼模様

2021年8月4日　初版第1刷発行

著者　岡 理恵子
発行人　川島雅史
発行所　株式会社　小学館
〒101-8001　東京都千代田区一ツ橋2-3-1
電話：編集 03-3230-5585　販売 03-5281-3555

印刷・製本　図書印刷株式会社

販売　中山智子
宣伝　井本一郎

Printed in Japan ISBN 978-4-09-307007-2